笑颜

The Study of Human

马　进◎著

南京大学出版社

图书在版编目(CIP)数据

笑颜 / 马进著. -- 南京：南京大学出版社，2016.9

ISBN 978-7-305-17235-9

Ⅰ. ①笑… Ⅱ. ①马… Ⅲ. ①人生哲学－文集 Ⅳ. ①B821-53

中国版本图书馆CIP数据核字(2016)第157465号

出版发行 南京大学出版社
社　　址 南京市汉口路22号　　邮　编 210093
出 版 人 金鑫荣

书　　名 笑　颜
著　　者 马　进
责任编辑 黄隽翀　　编辑热线 025-83685720

照　　排 南京理工大学资产经营有限公司
印　　刷 南京京新印刷厂
开　　本 787×960 1/16 印张 18.5 字数 252千
版　　次 2016年9月第1版　2016年9月第1次印刷
ISBN 978-7-305-17235-9
定　　价 40.00元

网　　址：http://www.njupco.com
官方微博：http://weibo.com/njupco
官方微信号：njupress
销售咨询热线：(025)83594756

让我们尽我们所能爱每一个人，

因为我们生未带来，走时也不带走，

只有将爱留下

将一些美好留下，将一丝微微的笑意留下……

谨以此书 献给我所爱的人！

Be nice, and try my best,

For the people, I loved so much...

一、前言

更清晰地认识自己是一件很有趣的事，但在通俗意义上和哲学意义上又都是非常困难的事。

本书试图通过每个人都要面对的出生与死亡的问题，来讨论如何过好每一天、如何看待日常生活中司空见惯的快乐与痛苦，阐述人的肉体和精神的特异性，再讨论每个人都会面临的自己的学习和受教育问题及自己的子女亲人的受教育和学习方法问题，并进一步讨论人的不同价值观念。有哲学逻辑思维心理学的理论分析，有实际的生活、婚姻、恋爱、择偶、交友等各个细节的讨论，也有经济、文化、政治、美学等不同视角的探讨。特别提出了简朴经济模式的倡导，并把它引申到实现人生价值的抽象概念中去，提倡每个人都能认真思考自己的价值所在，脱离简单的对地位物质、金钱、女色、长寿等的追求，更强调每个人的自尊和自我实现。期望本书能提供一种方法，促进每位读者都能依据自己的独特特质，更多地通过创造力和爱与给予的方式，更愉快地发现自己独特的人生价值所在。

二、为什么要写本书

笔者从幼至今对自身进行思考，对自我、对学习、对家庭、对爱、对婚姻、对两性、对生殖的思考；对意识的思考，对人生价值的思考；对人与人交流艺术的思考；对文字文学的思考；对意识、潜意识的沟通艺术的思考；对教育学、心理学的思考……例如，教育学：人不可能读完所有的书，如何写一本既涵盖内容广泛充分深邃，又不能局限甚至束缚读者的书呢？本书也是一种教育学实践。

笔者尽量减少文字篇幅。期望能言简意赅，引起读者自我非凡的思考，激发灵感。期望给予不同背景的读者都能有充分的思考和想象的余地，如，不同的教育背景，不同的受教育程度；不同的家庭背景文化背景、性别、年龄等；让人不用去盲目乱读太多的书，特别是**重复阅读同类的书**浪费时间和精力。而只用认真阅读本书所涵盖的主要部分，其在思想领域就可以化繁为简，举一反三。

本书试图涵盖主要的思想与思考领域（这一点从书的主要目录就可简单看出）。试图使不同年龄段的读者、不同教育文化背景的读者都有可读的部分，都有可尽量接受和演绎的角度，都有读后自我反思，从而进一步得出自我不同版本的但有益的结论。

宗旨：使每个人通过阅读与思考，重新明晰与优化自我的世界观价值观，并更加优秀地联系自身行动予以实施、实现。

三、本书写作的简单时间过程

本书是2005年3月2日开始正式写的，大纲及主旨很快完成。

但大纲完成之后就遇到很大问题，即，不知如何将每一部分写下去，既言简意赅，又生动可读。因为其实想写这样一本书已经期待多年，只是不知如何落笔，具体写哪些内容，如何组织构架。这似乎超出我的写作能力。所以，之后写作停滞了很久，并多次期望能有写作的高手能够共同创作，但实际没能取得突破性的实质进展。直到2007年末，开始打网球，并认识了许多生动无比的人才激发了我的写作灵感，我明白只要我将想到的每个有关小题写出来，甚至展开讨论，只要日积月累，最后大纲本身各个部分的具体内容可能就有了，只要我在之后整理精简，就可以完成此书。

此书本身也是灵感本身，并不是简单的文学创作，而是客观的论述与探讨。Non-fiction。本书中很多话题让读者会觉得："话说了一半却不说了？"其实，这正是期待读者结合自身情况，作不同版本的思考，激发自我灵感，得出可能各自不尽相同，但对各自都更有益处的结论……

本书于2011年6月底基本完成素材，其后进入整理编辑阶段。

编辑整理一样也碰到似乎无法解决的问题，因为我的写作能力有限，请写作高手帮助也无从下手。直到2014年初我想清楚了，在我真实的写作风格与高度可读性之间，我只能对后者有所放弃才能完成此书，文字篇幅数量必须尽量精简才能突出核心，突出主旨。后于2014年8月1日开始集中整理编辑，并于2014年8月31日完成。

经过许多朋友的查看后发现可读性确实比较差，而且不少部分写得不够完整，经过黄隽翀编辑仔细指导，在2015年4月决定进一步修改，并于2015年6月1日开始修改，8月28日完成。

四、本书2005年的最初设想

一本关于人类与自然如何和谐相处的书（人也是自然的一部分）；

一本关于人类如何看待研究人类自身如何发生、发展、消亡的书。

内容本身要逻辑清晰，结构简明，便于理解；要有多幅插图；不重在有很多答案，但要能问出很多引人想象、思考，激起读者自身潜在创造力的问题；要更像演说及对话……

要有读者互动，涵盖一些著名的题目（如：12个球）；

讨论小题：哲学，历史，种族，军事，政治，经济，艺术，家庭婚姻，教育学，心理学，宗教，地理，天体；

知识与智慧的说明——如何教育：从幼儿教育开始……

本书的目的在于解决问题，而不是发牢骚。

我们提出重要的问题，不仅仅是想做一个思考者，做一个不同文化的比较者，而是试图让读者自己去思考，拨开迷雾，拥有更纯更真实的快乐。

We are solving problems, not only criticizing; We are questioning, not simply as thinkers, culture comparators, but as friends. And we try to bring you more happiness.

五、主要参考书目

1.《第三帝国的兴亡》阅读时间：1988—1989

2.《光荣与梦想》阅读时间：1989—1990

3.《梦的释义》《精神分析引论》弗洛伊德的心理学，阅读时间：1987—1988

4.《美术鉴赏》油画、雕塑与艺术的内涵，选修课时间：1987—1989

5.《沉思录》阅读时间：2007—2010

6.《圣经》阅读时间：2006—2007

目录

附录:哲思格言 / 271

第一章　生与死的问题

Purpose of life?

第一节　生命的意义

人的生命的意义是什么？这绝对是一个大问题，可能有太多不同的答案。我们看到人们在追求财富权利地位荣耀，在追求美色健康美满家庭。这些其实只是生命的欲望，而非生命的意义所在。生命的意义在于**爱与创造**。而且我们为了实现生命的意义就必须平衡克制甚至放弃许多生命的欲望。

什么是爱？爱就是关爱你周围的人与环境，给予他们所需要的。

爱是给予，并且是不计任何回报的给予。但爱绝不是他人需要什么就给他什么，他需要多少就给予多少。就像孩子需要爱，你不仅不可娇惯孩子，还要让孩子学会尽量独立，能做的事情要自己去做，做错了事情你需要给他批评甚至惩罚。如果娇惯孩子或一味偏袒孩子，这种给予就不是爱孩子，而是伤害孩子。成人世界也一样，如果一个吸食毒品的人要求毒品你也去满足他，那就不是爱了。如果一个人疯狂地追逐金钱和权利不择手段，你也给予他赞美，那么这种赞美其实是一种诅咒。这种给予就不是一种爱，而是对他的一种纵容，一种实际上的伤害。

什么是创造？创造就是去做前人无法做到的并且美好的事情。

如果一个生物学家制造出一种全新的超级病毒，病毒迅速传染而且毁灭了一半地球人口，那这种所谓“创造”可不是我们所指的创造。如果一个人创造出一个独特的社会组织，这个组织提倡封闭人类的思想、限制人类的行动，那这种创造也不是我们所需要的。创造也不是对一个完全不切实际的空想的纵容，创造往往具有高度的严谨性，并能结合实际生活。创造也不是鼓励对日常琐事的否定和完全排斥，实际上许多的创造往往都产生自人们天天经历的事情和那些视而不见的地方。真正的创造往往都来自于对很多简单无趣的事情的重复之中。

当然，人太丰富了！生命的意义对每一个人来说都有着各不相同的具体的版本，每个人的人生历程都不尽相同。

《圣经》里记载着约伯在受难之日平静地说：“我的身体是赤条条地来到这个人世的，走的时候我依然赤身而回……”试想一个人的一生能带给他人什么呢？最好就是爱吧！能带给自己什么呢？就是不虚此生，有所创造，创造了些自己独特的华彩，或浓或淡吧。这也算一种最好的自爱、自尊、自重吧……

让我们也尽我们所能爱每一个人，因我们生时都未带来、死时也不带走，将爱留下，将一些美好留下，将一丝微微的笑意留下……

第二节　对死亡的态度

死亡是最自然的一件事，就像人从母体出生。因此人对死亡完全没有必要恐惧或一味拒绝排斥，而应静候它的到来，因为死亡只是自然给予人的另一种亲吻。

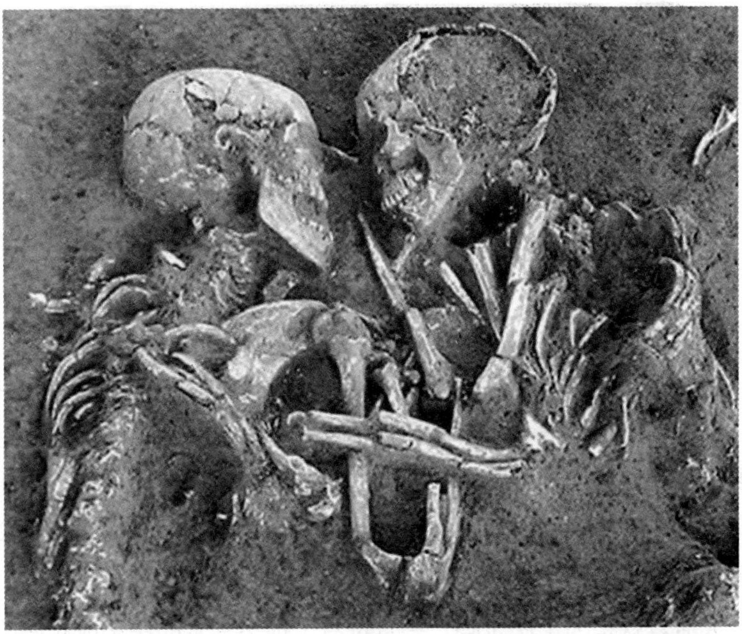

死亡也一般被看作是非常悲哀的事，是这样吗？其实如果不是意外死亡，因自然死亡而过度悲伤是没有必要的。

死亡是每个人的必经之路，与其恐惧还不如快乐地死亡甚至坦然地死去，只要在你活着的时候能够用好你每一刻的宝贵时光。人们不是都那样说吗：“如果一个人腐朽的只剩下骨头，那他还不如死去；如果一个人颓废的只剩下骨头，那他还不如去死……”

死亡是否可怕？既然每个人死亡是不可避免的，那有什么好怕的呢？你只要在有生之年把你想做的事情做得很好就足够了。为何有些人会选择安乐死？也许是想让自己少受痛苦，也同时不给亲人朋友带去更多的痛苦与折磨吧。

死更意味着静美，她平静得让人赞叹，虽然恐惧可能一瞬间笼罩某些生者的灵魂，但这是为了告诫他们更要谨言慎行。

安乐死是否可以成为人们的一种选择？这一直成为不同文化不同

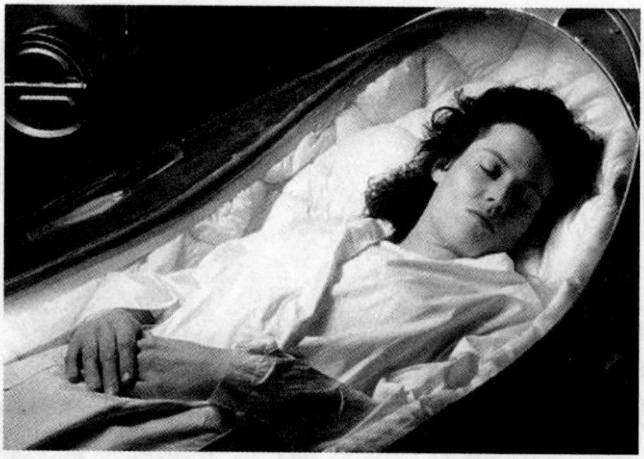

国家颇有争议的问题。

安乐死其实触及伦理、道德和法律层面，也涉及如何看待生命本身存在的意义。

人活着就是为了快乐吗？一旦没有了很多基本的快乐或起码的快乐，人可以主动合法地选择结束自己生命吗？

美国有 71 人已经接受冷冻，欲科学发达时死而复生……他们对生命有着特别的期望，也许是奢望也未可知。

人因疾病或衰老临近死亡，但如何界定死亡呢？如果以维持呼吸和心跳，那么现代医学太多垂死的人，只要能支付高昂的维持费用就可以延续 3—5 年生命，但如果用此费用可能可以拯救上百饥饿待毙的人们。当然这其中的伦理问题太过复杂……

如果我们把死亡定义为从那以后我们就不知自己的所在，甚至不能控制自我，那我们还是更专注于有自我意识的生的时刻吧。

第三节　痛苦与快乐

痛苦与快乐只是人的一个意识感觉，这个感觉是由比较而得来的。脱离比较的，绝对的痛苦与快乐是不存在的。

人的生活中，同时充满快乐与痛苦是最最自然的事了。任何过度的追求快乐或者简单的驱赶排斥痛苦的行为都是不理智的，而且这种行为在现实中往往不仅于事无补，有时甚至会适得其反。就像吸食毒品的人追求快乐刺激，结果痛苦巨大。就像纵欲的人追求快乐，但身体的刺激或过度刺激却往往不能带来期待的快乐，有时甚至是巨大的空虚和失落。

人的痛苦与快乐还具有物极必反的、惊人的相互转变的规律！也就是说：一个人过于快乐的状态，往往会带来各种自己非受控的因素，而产生使自己突然痛苦的结果。其实，反之亦然，比如越王勾践的故事，他受到失败的痛苦，受到侮辱的痛苦，但他卧薪尝胆，苦中求苦，艰苦努力，才能最后反击获胜，收获快乐。

人类之所以好像是更多的被痛苦所伴随，是因为人性对完美的追求，然而现实往往是非常不完美的，所以人是非常容易产生不满，或者经常痛苦，甚至是绝望的。只有少数所谓意志坚强的人，或者所谓大彻大悟的智者先知才会淡化痛苦，甚至把痛苦当作礼物，欣喜地浸润在痛苦之中，涅槃。

我们可能无法大彻大悟，但相对理性地看待痛苦，是每个人成长成熟的必然。

难怪叔本华建立了所谓的的悲情哲学，强调人生即痛苦。痛苦并不是简单的坏事，它是平常也是必需的，它是生活不可或缺的一部分；痛苦比快乐更使人思考，更使人进步……

卧薪尝胆的故事，也是强调从苦到甜的朴素哲理……

佛祖的第一谛就是苦谛。

第四节 关于快乐的成因

快乐是超出人主观意志控制的。虽然**快乐与否**确实由人的大脑感知，快乐也主要产生于大脑、次要产生于身体其他部分，但快乐本身并不由大脑主观意识简单调控，更不可能简单地产生。

快乐一般被理解为正面的人的精神状态，为人所渴望。它相对的状态叫“不快乐”或“悲伤、忧郁、痛苦”。这两者之间的**中间状态**，则叫作“**平淡**”。平淡，并不意味着无聊或麻木不仁，实际上，麻木不仁的精神与肉体状态更接近于悲伤消极不满，但平淡却有可能是**一种非常灵动的积极状态**。平淡就是说不要刻意追求所谓快乐，或者刻意逃避所谓痛苦，因为刻意追求快乐往往只会更加远离快乐。

快乐往往被错误地理解为一种纯精神状态、一种意识形式，但实际上，快乐是产生于人的肉体与精神，并由意识清晰感知，而再作用于肉体与精神的一种交互方式。快乐并非仅产生于脑部，它也产生于身体其他部分及精神本身；快乐也并非纯意识状态，而是意识与肉体相互作用的交互方式。

在体力运动中，肉体的强烈参与往往是快乐产生的重要条件。例如，激烈的网球运动特别强调运动的高级思维，如击球线路、落点选择、进攻方式、与搭档的配合、对对方弱点的分析以及比赛中对对方心理状态的感知与把握等。网球运动能够通过对体力智力的极限考验，使人在不知不觉之间分泌大量多巴胺，产生强烈快乐感受。

激烈的网球运动使参与者大量流汗，但又不像万米跑，参与者更需要在激烈运动的同时，注意力高度专注，大脑高度运转，精神与肉体需要高度协调，这也许正是网球被称为快乐源泉的原因吧。

按摩可以产生快乐不用质疑，它更体现于作用起始于肉体，而不是单纯意识形态的交互方式。

战争与社会革新始终是极端的人类行为，但极端行为本身有可能带来极端快乐，虽然也有可能带来极端痛苦。

快乐来自于爱和创造力。爱，给予他人帮助；发挥自己的创造力很容易给一个人带来自尊和成就感。

那你感觉你自己最主要的快乐源泉是什么呢？

当我们回头再看，认识到这四种产生快乐的活动有着一些共性，我们就可能对如何得到快乐做出以下结论，即，快乐（或极度至纯的快乐）产生于人类**尽力的**、**丰富的**、**复杂的**、**高级的**、**抽象的**意识与肉体活动，并由人的意识**非常主观地作用**于人的肉体或人的群体本身（如战争与社会革新），而使人的肉体或人的群体产生某种人类主观渴望的或无法预期的，但被认为是积极的正面的，对个人与人群的改变。

快乐本身往往是有极度代价的，简单地追求快乐往往适得其反；快乐作为生活的目的本身可能并不合适，相反平淡生活却更容易产生清晰高纯的简单快乐；快乐更可能产生作用于生命的过程之中，生命的结果并不与过程的快乐与否，快乐多少有直接关系；快乐与不快乐具有高度可转化性，从这一点讲：简单追求快乐本身更显得毫不理智，将快乐或一直快乐作为生活目标是不对的。

而快乐又给我们带来了什么呢？新奇！收获！自尊与成就感！刺激！

第五节 快乐与人生价值毫无关联

我们认为一个人的快乐与否与他所能实现的所谓人生价值毫无关系。

画家梵高就是一个极端的例子。他现在被人认为是印象派大师，在艺术上获得了极度的成功。但他的一生可以说完全是在失败、极度贫困、没落与自我迷失中度过的，甚至最终自杀身亡。在他活着的时候，他的画甚至从没卖出钱过。

他生前的快乐与否基本跟后人眼中他的人生价值无关。

所谓人生价值更容易为他人所评说，如果自己没有极度的置身事外的能力及远见卓识，就很容易为环境所左右，很难做出正确的选择以趋符合所谓的客观的历史的评价。

事实上，每个人对自己的价值都很容易产生错误认识。详见第三章第十九节：**《人的认知基本理论之一：错误性与局限性》**。

如果一个人树立的目标过于艰巨，可能终其一生都不能完成，也许后人对其评价极高，但他对他自己可能是完全否定的。甚或临死前最终完成心愿，但其一生的大部分时间里快乐成分极少，更多的是坚持、努力、隐忍、痛楚，这显然不符合“享乐主义者”的生活方式。

你如果有信仰，就会明白，放弃一部分快乐是自然而然的事。

第六节 人是为了快乐本身而活着的吗？

如果生命的意义是爱与创造，那么人就不应该简单是为了快乐本身而存活的。

我认为生命的意义与快乐或痛苦基本无关。快乐与痛苦只是人的一种主观感知，一种情感，是每个人生命历程中都必须充分经历的东西。没有人的生活里是只有所谓快乐的，也不可能只有无尽的痛苦。

我绝不主张排斥快乐；但我建议人也无须特别排斥或惧怕痛苦。

我觉得每一个人都是为了自己的使命感而存在的，完成使命，别无他求。

每个人从出生到死亡过程中充满快乐与痛苦，可以认为每个人的快乐与痛苦在一生中所占的比重基本相同。

每个人的幼年、青少年时期，痛苦的比重所占的比较小，可能是因为青少年荷尔蒙分泌很高，也可能是因为青少年前途远大、无须忧虑吧。

但随着年龄增长，人的痛苦比重会显著增加，这一规律是相当普遍且适用的，不受文化背景的影响，也不受经济状况与教育程度的影响。

乐观的人快乐的比重可能偏高，悲观的人快乐的比重可能稍低。

人的痛苦往往给人带来很多收获与长进，因为痛苦往往刺激人萌醒，带给人顿悟与进步。

快乐却往往给人带来满足感，但并给人不带来进步。

简单刻意地期望增加自己的快乐、减少自己的痛苦往往毫无意义，甚至事与愿违。

快乐是对痛苦的奖赏，痛苦是对快乐的惩罚，快乐与痛苦只是两种人的相对而言的感觉而已。

有人说：智力越高的人越感觉精神上的痛苦；

也有人说：一个社会公平和道德水平越低，不快乐的人就越多……

对我来说，活着并不仅是为了快乐，更不只是为了长寿。

活着就像唱一首歌，老是高潮也让人乏味，让人觉得怪异；有低谷，能让人轻松，也就让人回味；重要的是听者会觉得精彩，会觉得享受……不在乎长短，更不必去在乎曲子是欢快还是忧伤……

第七节　关于死亡的一次对话

娱乐专用马甲说：11－03－30 10：24

我来自偶然 像一颗尘土……

昨天上午去扫墓了。

有那么几个地方，总会让人感慨：到了医院，就会感到我们应该珍惜健康；去了殡仪馆，就会感到我们应该珍爱生命；到了墓地，突然会觉得死亡并不像想象的那么可怕，想起了那句歌词：我来自偶然，像一颗尘土……我们来自尘土又归于尘土，看着墓碑上或年轻或安详的一张张笑脸，会有这样的领悟：人类本应该满怀激情地活着，也应该带着憧憬离去；可在现实生活里，我们总是会瞻前顾后、忧虑得失，有时既自寻烦恼地恐惧生活又莫名其妙地害怕死亡……也许这就是人类生命的本质吧！

笑颜说：11－03－30

我满憧憬死亡的，其实我一定会满怀激情地死去——也许在网球场上……

如果害怕死亡是人类的本质，我一定是个人类的怪胎，或者不是人……哈哈……

我一直明确我多半会在50岁死去，还有7年……挺好的……

咖啡能豆豆说：11－03－30 13：14

我的人生哲言：好死不如赖活着～～

东海涛说：11－03－30 13：28

上个星期六，小姑子的母亲走了，小姑子哭得很伤心。我也难过，如果是我的母亲，我又会怎样呢？是啊，对死的人是解脱了，对生的人是痛苦！

洁僻说：11－03－30 19：17

真希望能像一颗尘土那样自由超脱。

唯恐网球不乱说：11－03－30 22：05

今天看到两句话，解惑不少。

真正的光明绝不是永没有黑暗的时间，只是永不被黑暗所淹没罢了；

真正的英雄绝不是永没有卑下的情操，只是永不被卑下的情操所屈服罢了。

人构成的社会，是个可爱的社会。

wivianwu 说：

听不清，走不动，对任何事都属心有余而力不足，成为累赘的时候，对死一定是很坦然的……

ennmma 说：11－03－31 16：50

我第一次去殡仪馆是去年的这个时候，一到那就觉得不对头。

全身悲凉得不行，控制不住流泪，哭得比人家的儿女还要凶。

所以，我决定以后少去或不去，尽量活得开心点，对别人友善些。

诚信说：11－04－02 16：01

老得看不见，听不清，走不动：这个时候不是坦然，应该是无奈吧；感觉越是年龄大的人，越恐惧死亡。

还是一位哲学家说得好，“就人类个体而言，没有死亡：活着时不存在死亡；死了时不知道自己死亡。”

笑颜说：11－04－03 08：17

死亡也是一件绝对赏心悦目的事，就像实在用旧了一样东西换个新的……

死后你可以飞行；死后你不用睡眠；你没有疲劳……哈哈……

我送走老人的时候，从来丝毫都没有眼泪的欲望，因为我丝毫不觉得那可悲，那是一件再自然不过的事，自然而且极尽完美……

无为而动说：11－04－11 14：08

真正的有神论者，真正的有神的信仰者，不惧怕死亡。

因为他深刻懂得，人世间的死亡只是另一个生的开始。

第二章　精神与肉体的和谐

Harmony of human spirit and body

第一节　宗教与信仰

什么叫一个人的信仰？

信仰：即认为自己为什么而活着。信仰本身极为有助于人群的精神与肉体的和谐。

信仰是一个比宗教更大的概念。

宗教可以成为一个人的信仰。三大宗教让人们潜移默化中学会更辩证，更客观，更博大精深地看许多问题：生死，钱财，荣誉。宗教也带给人们知识，哲学与敬畏感。

但人的信仰不光包括典型宗教，也可能会信仰很具体的事（类似简单拜物教），也可能会信仰非常抽象的人生目标，例如，博爱和共产主义。

为了活着而活着是一种信仰；为了钱、更多的钱是一种信仰；为了名誉、名声好就行是一种信仰；为了身体享受酒、色、豪气是一种信仰；为了家人而活着是一种信仰；其他抽象的人生目标，比如幸福、快乐、博爱、创造……

令人惊讶的是，今天大多数的中国人正在崇拜和信仰财富和权利。

据说西方由于科技的迅速发展，传统宗教的坚深信仰者也在大量减少。

拥有共同信仰的人会有很多深刻的共同之处，容易沟通，也容易形成比较相似的对生命意义的理解，比较相似的对人生价值的努力。信仰使你知道去做什么，如何去做？帮你克服了外界的一些干扰，使你的身体行为减少盲目性。信仰增强了你行为的原则，加强了精神与肉体的和谐。

信仰可能是正面的也可能是负面的。可以导致善良，也可能会导致邪恶。这是正常的事，就像餐刀可以用来切牛排大餐，也可以用来杀人……

选择正常的、良好的、有意义的信仰，是件非常重要的事。我们要学会邪不压正，相信爱比恨好、善良比邪恶好、给予比索取好；相信劳动或智慧所得，相信通过不懈努力获得，比投机取巧不择手段的获得的好；学会尊重他人和自尊，尊敬他人其实也更是尊敬自我；相信自由；明了责任心……

寻求人类存在的意义，是人思想存在的一种必然。有了信仰，人类才会知道约束和畏惧，才会知道什么是有罪。中国现在为何道德底线如此之低，为何那样多的人无法无天、不择手段地行事，深层原因就在于有信仰的人太少，有良好信仰的更少。

您认为自己是有信仰的人吗?

长久以来我都毫不犹豫地认为自己有信仰，至于有人问我到底信仰什么？我好像无法简单用语言告诉他，但我很愿意用我的行事告诉他。您有信仰吗?!

第二节　健康的基本法则

我们这里所说的健康不仅指身体的健康，更包括了精神上的健康。

适度追求精神和肉体的和谐显然对一个人或人类整体都是必要的，但对这一和谐的过度追求必然导致偏向精神意志的追求，是错误的、极不健康的、极其有害的。

因为追求本身是一种精神意志行为，而非肉体行为，过度追求即会超出肉体负荷。

健康有着它的基本法则：1. 适度并持续的身体锻炼；2. 中低水平的身体代谢，避免长时期维持身体的高代谢水平、避免肥胖；3. 简单而素雅的生活，避免过多饭局、烟酒、过度娱乐、繁忙工作或过于孤单；4. 精神和肉体正常的节奏与相互的平衡，3—5 年实施变化生活的气氛是一个诀窍，如不同爱好，或朋友圈，或换工作、换居住地……

不健康的负面因素则包括了：1. 营养不良，需要 3—6 个月以上相对充足的饮食，或饮食结构调整为相对比较均衡，以达到相对健康；2. 运动不够，需要 3—6 个月以上增加肌体运动量，以达到相对健康；3. 长期疲劳，可能由工作时间过长引起，或体力消耗过大……需要 1—6 个月以上休息调整；4. 精神压力过大，需要 3—6 个月以上调整，以达到相对健康；5. 长期思维过度专注或过于松散，过度专注可通过 1—3 个月以上调整，以达到相对健康，而过于松散则需要 3—12 个月以上调整，以达到相对健康；6. 极端情况，如过冷过热、强光、强噪音空气污染等极端情况非本文重点，不予进一步讨论。

这里特别想强调的是前四点负面因素在短时期内都不会对健康造成大问题，因为人体的调整能力非常强。但长期慢性疲劳对人体健康的伤害是非常大的！精神压力过大也是现代社会身体健康的主要破坏因素。长期思维过度专注，往往被许多人所自豪，但其实长时间过度专注是非常消耗人精力，并导致健康损伤的。

身体健康和精神健康是人创造力的源泉，也是每个人生活质量的基本要素。

但与之相对应的，适当的精神压力或者饥饿与疲劳，却对创造力有着强有力的支持。一个饱食终日、没有任何压力的人，往往会在不知不觉中消磨掉自身的创造力。

如何在紧张中放松呢？我们可以：每天尽量有 45 分钟到 1 个多小时什么也不做，也许只独自散步，放缓节奏，不要把自己的时间堆得满满的；每月末回头看一下，总结一下这个月有什么事是毫无必要进行的，这样下个月就可以停止此事或此类事情；培养一个运动爱好或其他业余爱好，如网球、交谊舞、乒乓球、登山、聚餐、户外活动、日光浴等。

The way to health ?

1. moderate exercise;
2. low body metabolism;
3. simple life;
4. rhythm balance in physical & spirit.

第三节 职业对人的异化

职业对人的异化阻碍人精神与肉体的和谐。但每种职业都会对人造成一定异化，绝对消灭这种异化是不可能的。因为职业意味着人固定地被约束在一定领域，在特定领域使用了大量时间。从而改变了人的所谓的最自然的行为习惯和认知的兴趣范畴。

职业对人的异化可能是巨大的，可能对人造成巨大扭曲，从而严重影响人的精神健康与肉体健康，阻碍人精神与肉体的和谐。所以，认识不同职业对人的异化，学会减轻这种异化，对每个人来说都是非常重要的。

异化：黑格尔认为是用以说明主体与客体的分裂、对立。马克思认为，异化是人的生产及其产品反过来统治人的一种社会现象。

人的习惯：这比较好理解，约定俗成。例如学习习惯、抽烟习惯、言谈习惯、穿衣风格等。

绝大多数习惯都可以被看作是对人的一种异化的表现形式。其典型有两类：人却像机器一样的活着——流水线上的工人——被习惯型异化；野外工作者来到城市——对城市噪音、汽车尾气、拥挤的人群极度不适应甚至恐惧——被意识型异化。

职业对人的异化非常之大非常深刻，就像一个研究机构的专家很难想象一位记者四处奔走，每天要碰到多少人；就像一个办公室文员安静的一天很难想象一个网球运动员一天的流汗和击球的快乐；运动员又很难想象文员准点上下班的生活和办公室文化。因了职业环境长期熏陶的缘故，他们对肉体和生活的意志感知差异很大……

就像一个中学的教师已经习惯于谈论高考升学率，习惯于对分数落后的孩子的不屑甚至轻蔑；

就像一个大学教师多年以后已经很难意识到小学教师是坐班的；

就像一个习惯于发号施令的区长回到家也很难不居高临下地下达命令，很难体会服从和随波逐流的轻松写意。

美丽的女子更容易对衰老产生恐惧，其实再美的她也知道皮肤的皱褶总会到来得彻彻底底，恐惧毫无帮助。为什么10岁的孩童极少怕自己衰老，只怕自己成长得不够快、不够健康，而一个人到中年的人却对死亡对衰老有与之不同的恐惧呢？因为中年人被时间赋予了衰老和死亡的异化。

没有基本良好的职业习惯人们很难正常地、成熟地从事一项工作。每个人都很难完全避免**社会性职业性异化**（当然也没有必要），但职业对人的异化往往是不知不觉且极具痛苦和极具摧残力的。

如何能避免一些不必要的，一些愚蠢的职业异化？这就需要思考。思考将帮助我们从狭小的圈子里跳出来，从错误的概念中解脱，并获得更简单、更丰富的快乐……

例如，脑力工作者去多从事一些运动和消耗体能的活动；在嘈杂环境中长期工作的人多到安静的地方走走；一个老教育人的领导者也去被别人教训一下。

减少职业异化，也许这正是我们很多人为什么迫切需要各种的业余爱好，需要社交、旅游、体育运动甚至换个职业改变一下的部分原因吧。

第四节　运动本身比思考更有价值吗？

为什么西方人比中国人更重视体育运动在日常生活中的必要性，群众体育也远比中国更为普及呢？说中国不发达，穷，刚刚发展，恐怕也只是借口。中国文化对思考等精神能力的看重远远高于身体的运动能力，这一点是非常突出的。例如古语：***万般皆下品，唯有读书高！*** 近代对体力劳动的不懈更是造就了中国没有出现各种丰富的体育运动。

西方文化显然对体育运动更为看重和喜爱，为什么呢？有人说西方民族大多由游牧民族演化而来，也有人说这是基因决定的，也许这只是一个偶然。**热爱运动导致了西方更喜欢公平竞争，还是喜欢公平竞争导致了西方喜欢运动呢？也许这只是个偶然**。

例如，网球这项运动就高度体现了公平与竞争，体现了身体能力与思考能力的统一。而网球界为了让世界各地的爱好者就近能看到最优秀的比赛，举办了家喻户晓、广受欢迎的澳网、法网、温网和美网四大满贯赛事，以此安排全球最顶尖的高手每年都马不停蹄地飞往世界各地，参加各种职业赛事，满足观众的观赏要求。

网球场上球网的高度，球网中间略低的设置，球场的宽度和长度，单打双打的画线与区别，网球运动几百年来延续至今发生了许多改变，但没有变的是蕴涵在其中的公平与乐趣。打网球的人往往在心底都更倾向于依靠公平竞争和自我努力赢取胜利，靠投机取巧、坑蒙赖皮来赢得比赛的人在网球圈非常之少，原因很简单，只要发生过一次，就再没有人会和这样的人打球了……

不光网球，西方世界还发展出那么多形式各样的不同季节、不同载体的运动，水上的，地上的，雪上的；篮球，足球，跳高，滑雪，游泳，高尔夫。

西方人的生活更重视体育运动并不是说西方人认为运动本身比思考更有价值，而是说西方将运动与快乐紧密相连，将运动对身体及思考的促进作用具体应用在了各种体育运动之中。而且毕竟精神是以肉体为基础，依附于肉体的，脱离肉体的健康与和谐，精神上的健康与和谐很难建立或持久稳定。

第五节　体力与智力的完美协作会更充分地制造快乐？

网球、击剑、武术等一些需要大体力大脑力的运动与举重、射击等一些其他相对静态的运动相比，是否更容易给人体带来快乐？答案应该是肯定的。

网球不仅要有力量、能跑动、技术正确，还要求你高度动脑筋：能看出对手弱点，分析对手心态，从而制定自己相应最容易最有效的临场战术，每一场比赛都在充分变化，一局比赛开始的2分跟局点的球都完全可能不同，双方心态严重影响技术战术的直接发挥，所以常有崩盘的发生。没了信心，这网球就没得打了；没了乐趣，技术也大打折扣。

网球运动需要很大体力脑力，大量出汗的同时也要高强度思考。你要有突然启动迅捷奔跑的能力，也要有突然刹车的能力；要有大力击球的能力，也要有温柔放短的能力。刚柔相济、快慢相和的充分协调，让你自己都觉得完美，所以在高度努力之下，打网球是对自己智慧和体力的挑战，所以快乐止都止不住地从你心底源源产生，甚至于你自己都意识不到自己是那样的快乐……人的体力与智力完美地协作发挥了!!!

你可能技术显然不如对方，但战略战术对头，充分抓住对方弱点，展现自己优势，打对方一个6∶0都是正常不过的事；也有技术与你相当，但身材高大一味习惯大力击球的对手，被你轻松地以稳定击败，甚或调动的对手左右前后奔跑疲于应付、完全找不到稳定站位的……胜利带来的快乐真是无与伦比。体能与智力的结合，使内分泌代谢非常阳光；快慢结合，力量与技巧的结合，体力和智力的结合，极大程度上应用了人性潜能和力量，所以带来快乐；完美的对抗，带来快乐，带来交流（并不一定指语言交流）。

击剑和武术格斗也一样，这些运动包含了对人精神与肉体的一种独特的和谐要求。

第六节　精神与肉体的不同规律

人的精神与肉体是不可分割的相互应和的，但也存在着一些不同的规律。

人度过了青春期，18—20岁开始肉体就逐渐衰老，各种身体能力实际上退化得相当快；但精神能力却不是这样，精神能力往往成熟和逐渐丰富的过程要延伸到30—60岁，在肉体比较衰老的阶段精神还可能正当壮年，直到进入最终的老年阶段，人的精神能力才明显下降，例如分析和判断能力、精神耐受力、思维反应速度和记忆力等。人是如何协调身体和精神的这一不同状态是非常有意思的事呢？人都期望身体能老当益壮，但实际上是不可能的，有些人在30、40或者50岁以后身体的运动能力反应速度会明显下降，身体未老先衰，虽然心态还很年轻。人愈年长，心灵甚至可能愈来愈强健，但肉体会愈来愈虚

弱，最后导致心灵与意志也变得羸弱无力。

在体力方面，身体的力量和协调能力有遗传的很大因素，但后天体育锻炼也非常重要，说中国文弱秀才就是指只看书不锻炼身体，手无缚鸡之力；但身体锻炼也有强度问题，并非越高强度越好，锻炼过分适得其反。在智力方面，也有很大遗传因素，**但变异性远远比体力方面要大**。一般人都说脑子越用越活，是这样的吗？其实大脑也会有常规的不可逆损伤，过度用脑是非常伤害人的心理及生理的。思考中的放松与变换节奏是非常有学问的。读万卷书不如行万里路就是强调要用活脑袋，不能读死书，否则就会钻牛角尖，或者读呆掉了……

人类感官能力是随年龄而变化。年轻时人们对声音噪音，强光等刺激的耐受度很高，而且敏感度也很强。但当男女进入 30 岁以后，对噪音强光耐受度明显下降，有些人会对噪音特别敏感、难以忍受，有些人会对光线非常敏感，有一点光亮都无法入睡；儿童对皮肤肌肉的疼痛感明显强烈于成人；不过，味觉、嗅觉自婴儿时期感知特性变化就非常小，是极为稳定的，很难被破坏或改变。

精神上，人的年轻时期可能更会趋于乐观，中老年容易悲观，这可能与身体激素分泌下降有关。意志力在青年中年时期更易坚定，在老年时期更容易脆弱，这可能与身体的衰弱有关。

第七节　视觉幻象

— Vision，impression，illsion

你看到一件衣服，自己会判断这件衣服是否适合自己。但这个结论往往不一定对！往往你自己都拿不准。人对自己的真实需要是很难正确把握的，自我的真实需要也非常善变。例如，一个敏感多情的女子对自己上午买的裙子可能下午就厌恶不已，可能只是因为某人的一

句无心的评论。

你第一眼看到的一个潇洒的帅哥，可能多次接触之后发现原来满丑陋的，甚至令人觉得猥琐，因为他只有外表和举止的潇洒，熟识后才认识到人的本质与外表是不一定一致的。外在的东西可能只是一个假象，而且人对外在东西的认识是很容易受许多主观因素影响的，例如，自己的心情，自我其他状态和环境状态。

长相与心灵之间也是相互映射的，有人说人成熟以后的容貌里会反映自身的性格，这是有一定道理的。言谈举止也自然流露一个人的内心世界，一个修养良好自尊自重的人，举手投足之间总是能给人一种美好的享受。同样，外表也可以增强人的自信心，帅气的小伙和美丽的姑娘自然会独具一些自我的骄傲。良好的衣着自己会心情愉悦，也是对别人的一种特殊尊重。

当然，我们这里想特别强调的就是我们需要注意突破人类意识的视觉幻象，从而能更好地去认识事物和人性的客观实质，而不要让自己迷失在这种幻象之中，无论这个幻象是一件漂亮的衣服、一副价值连城的项链、一个英俊潇洒的帅哥，还是一块名表、一辆名车、一个漂亮的脸蛋。

第八节　人的思考力量

— Instinct & Reasoning；controlled and uncontrolled mental activity & brain power

本能与思考是一个矛盾，但人们都会本能地做一些决定，甚至重要决定，这既因为很多情况下根本来不及思考，也因为很多情况太模棱两可，至少当时看不出哪种选择更正确，因此只能依照**本能和直觉**做出选择、做出决定。当然，遵从自己的本心，依据**本能与直觉**做出无可选择的选择，这也许是能够使人更简单自然的生活的一个办法。

人的思考会影响到人的本能，比如我对财富的态度——在我意识到我能够满足我大部分物质需要的时候，财富只是一个多少位的数字而已，那我在对事情的抉择中就会受到这个思考的影响而本能地否定对财富金钱的简单过度追求，更注重**非物质追求**；而人的本能也会影响到人的思考，比如我对婚姻伴侣的选择，我的本能更注重对方的思想与智慧，所以我必须思考如何接受对方高度的独立性以及如何适应两强型家庭

模式而不是女方相对依附的主从型家庭模式。

在本能中，预感与灵感是最美的两朵玫瑰。

虽然这两者显然不是人的主动思考、受控思考，但**非受控思考**与**非主动思考**显然是存在的，不能简单认为是迷信或简单认为超意识存在或超智慧存在或神的存在，就像日有所思，夜有所梦，你总不能简单说是神仙托梦给你吧。

预感是人没有任何理性道理而能所见的一个事件或结果。预感有时候会是对的，竟像一种启示暗示！这至少在我个人的经历中多次惊人地验证。也许**非主动思考**是完全不为人们所了解，也许先知确实存在，也许神或超级智慧确实存在，这只能是一种猜测的结论。

灵感也非人的主动思索所得，而是突然对某种东西某个事物产生的正确的极有意义的结论或理解，或远超出他本人正常能力的能力。所谓灵光一现，灵感往往是短暂的能力，但灵感的发生有一定规律，如，长期对某事物的没有结果的思索，或者，某件毫不相关的事情引发。

第九节　人的能力的分析

在人的能力中，**记忆力与创造力**（Memory vs Creativity）有矛盾的一面。没有基础的知识记忆，很难谈到充分的创造力的发挥；但过度加强人脑记忆的数量，必然会阻碍创造力的发挥。例如，过目不忘的人可能缺乏创造性，因为过目不忘的人容易想象力联想力偏低。但许多跳跃思维的人记忆力低下。

人的记忆也有不同的性质，一种是客观直接的记忆能力，另一种是通过关联演绎的间接记忆能力。这两种性质的记忆能力是每个人都具有的，但不同的人，在不同年龄段，受不同的教育形成不同的习惯，这两种记忆能力会大相径庭，变化很大。人的客观直接的记忆能力在20—28岁之间一般会下降很多，但关联演绎的间接记忆能力则一生很少下降。

人的创造力应该是0—8岁最为旺盛，9—30岁相对稳定，在30岁以后下降速度较快，在60—65岁开始加速下降。但人能实现创造的时段却往往不是0—8岁，因为人要实现创造还需要知识和经验，这是时间所必需的，也是教育和生活的直观意义所在。

人的**肉体能力与意识能力**（Physical capability vs Mentality）中意识能力需要肉体的存在，但这两种能力具有相对的高度独立性。虽然极端情况下也有矛盾的一面，例如，如果一个举重运动员从7—8岁开始就大量时间运动和举重，对知识和社会学习过少，这样肯定会影响他的意识能力的发挥，影响他的灵活思维能力与根本的思维能力与容量。过多死读书的所谓“书呆子”，也会因为太缺乏运动而过于衰弱或多病而影响意识能力。

东方文化是否过分强调意识能力，而西方文化过分强调肉体能力？我们看到几乎所有的现代运动都是源自西方，而且西方人更热衷于各种运动本身，运动的参与人口比例也更高。西方有一种健美运动，几乎达到一种对肌肉的宗教膜拜的程度，而且人群中接受度很高。东方的运动很多被认为是不如脑力劳动，例如，中国古语：万般皆下品，唯有读书高。例如，中国竟会对妇女要求裹小脚，以限制女人的行走能力为荣耀。例如，印度发扬的瑜伽术，虽然极致状态达到精神与肉体的和谐，但其实更突出精神对肉体的驾驭。

人性内涵中，肉体能力与意识能力哪个相对比重更大？过度强调任何一方都是没有道理的，它显然因人而异。就像，有僧侣，也有猎人；有人会成为哲学家，有人会成为运动健将，就像不同的人适合不同的职业。而且，人的这两种能力潜力巨大，人能够学会保护好它们，发挥好它们是一件非常享受的事。

第十节 肉体与精神的和谐

空闲而无所事事的状态，往往是能够使精神与肉体和谐的一个条件，当然这里所说的无所事事不是指虚度光阴的一种生活态度，而是通过空闲而让自我身心获得灵感与力量的一种方式。就是有意让自己的日程不要排满，甚至排得很空，或一段时间完全无事。这个状态通俗的举例就像，散步，打坐，度假。

避免去做复杂的事，而只做一些轻松简单的事，也是得到身心和谐的一个方法。

生活中也许我们不需要去做更复杂的事情，只需要跟随自我的本心轻松行事就好了。

从幼儿园的学习到博士阶段的研究，人们始终徘徊在知识的积累与智慧的创造之间。小学，中学，大学，知识的记忆，逻辑分析能力的训练；抽象思维的加强；想象力的火花。但教育本身也是对人的一种异化，也可能对想象力和创造力造成巨大损害。

分数的高低，荣耀与屈辱……

其实，在很多人的心底都明白，你不可能在每件事上都做到最优秀……

人们常讲：你只要尽力就可以了，享受在于过程！

问题是什么程度算是一个人的尽力呢？要直到他/她精疲力竭吗?!

也许我们已经不需要更加努力了，自己给自己的精神压力过大，肯定身心疲惫，更不要谈身心和谐了。

瑜伽和太极是两个特别以身体心灵和谐为目标的修行，它们对动与静的理解，努力与收获的辩证关系有相似之处。

瑜伽八支，戒与律就是要强调身体和精神的简单洁净，避免过度欲求。体式调息摄心凝神禅定就是通过身体与意念的交流与和谐来达到排除外界干扰；最终进入超然忘我的境界。

太极强调动静结合，快慢转换，身体与意念的协调一致。

双人花样滑冰被称为冰上芭蕾，是一个精神与肉体两个人之间都要很和谐的特别例子。一对优美的男女，应和着完美的旋律，在冰上流畅地用身体表达着优美而丰富的情感，男子的力量与女子的柔美尽情体现，两人的精神和身体的充分与完美的交流是那样的直观具体，怪不得说优秀的双人滑冰选手许多都成为夫妻，也是一种完美结合的必然吧。

肉体与精神的和谐对我们每个人来说都是非常有意义的一件事，它不是要我们去过度地享受，而是帮助我们更好地发挥我们的能力去实现自我价值。

第三章 学习与教育

Laws of learning & education

第一节 总 论

学习是一件贯穿人一生的事情，不单指学校教育。我们在本章会讨论：怎么学，如何学，如何更主动地学，如何有侧重地学，如何学会保护和激发自己的创造力，掌握正确的学习方法和习惯，如何正确地看待知识和智慧。

我们认为，学习的根本能力在于模仿，学习的唯一目标在于创造，讲小一点就是能活学活用，灵活运用，讲大一点就是要学会创新，要能看到别人看不到的东西和道理，做到别人做不到的事情。

学习的内容包括两个方面：学习知识和提高自己的能力。我们首先要培养适合自己的学习习惯和素养，然后，在学习中要懂得对所学知识有所取舍，没人能成为百科全书，学到自己最需要的东西就够了。数学地理天文经济，你无法对每个领域都学个透彻，你必须学会选择，必须学会放弃。学习也要学会掌握核心定律和学问的主旨，把书读薄，而不是成为记忆机器，掌握主旨你才能活学活用。

我们对学习特别要强调保持和提高自己的独立思考能力和分析

能力。

独立思考的能力是很容易被一些习惯所约束，所覆盖的，在成长中在受教育的过程中，每个人要特别注意保持自己独立思考的能力，能通过知识和阅历来加强这种能力，而不是被知识和岁月所覆盖，只会听从他人的意见，成为一个人云亦云的人。独立思考才能富有自尊，形成适合自我的独特的价值观。

学习的具体方法列举如下：

1. 逻辑与推理能力的培养；这是基本的学习能力。例如，12个球的题目（见本章最后一节）就需要高度的逻辑分析与推理能力。

2. 激发和保护好奇心；好奇心是人思考的基础，有好奇，才会激发想象，才会思考探索结果。学习和研究如果缺少好奇心就成了不可想象的痛苦事情。

3. 闲适与更慢的生活节奏；有意识地不定期地给予自己一定的空闲与舒适，不仅指精神上，也包括身体上的闲适，这样有时可能反而会加强自己学习的能力与效率；有意识的不定期地减缓自己的生活节奏，会提高学习效率。人们都宣传苦读书是多么正确，其实放松自己有时事半功倍。有闲阶层往往才有机会去做一些特别的创造，而始终忙碌的人有时根本没有精力去特别地创造了。

4. 学会提高自己的专注度；学习需要集中注意力，训练自己的专注度，排除杂念是一个学习的方法。

5. 学会适度的重复。重复是加深大脑印象的良好方法，不仅可以加强记忆，也可以加深理解，所以复习是一个学习方法。

知识的英文单词是 knowledge，知识——即前人积累总结的经验和结论，或历史事件的简单纪录。

聪明，指伶俐的头脑，准确地反映，精当的认知力。

智慧的英文单词是 wisdom。

智慧的人知道学什么，怎么学，关键更知道不需要学什么，不在无谓的事情上浪费时间，花掉精力。智慧包含聪明，并意味着正确，会在更高层面上有超出一般人的决策或选择。聪明的人并不意味着都有智慧，即常人所说的小聪明。智慧的人往往挺聪明的，但也不一定绝顶聪明，但知道如何选择，如何向别人请教，是能透过表面现象看到事物的本质，从而做出正确选择和决定。

有个故事：从前有一个有点虚荣的国王，他英勇无敌，征战四方，统一了一个庞大的王国，但在一次战斗中，他的一个同样勇敢无畏的敌人却一箭射瞎了他的左眼，从此他就变成可怕的独眼龙。

王国富饶而强大，一切应有尽有，一天国王突然想到要给自己画一幅肖像，名垂青史，他找来了一位著名的画家，画家很是为难，不知如何画法，最后，画家只好将国王尽量美化，双目炯炯，英俊高大。但是国王看了画以后勃然大怒，命令杀掉了画家，再找一位画家；

第二位画家紧张无比，最后只好如实将国王面貌画下，像倒是像极了，可是国王看了以后，二话没说又命令杀掉了画家，再找一位画家；

第三位画家知道前两位的情形不敢怠慢，想了一下，将国王画了个侧面像：左手紧握强弓，右眼聚精会神瞄准，神气非凡。国王看后非常开心重奖了这位画家……

教育，即教会人学习的能力，学会智慧，学到智慧，学会欣赏智慧，学会选择；学习知识并学会应用。教育主要是引导；主要是教导学生智慧，教学生优化自己的学习方法，而非教固定的知识。

教育要达到什么样的目的呢？首先是让学生学会什么。教育就是让学生看到所有在这一领域里过往的奇思妙想，这样学生才能见多识广见怪不怪，并进行更深入的，有实质意义的思考与研究，从而有所创新有所进步；学习和积累知识只是增加学生的理解力。

其次是要保留与激发学生的能力。教育是设法保留一个人的天赋能力与特质，并尽可能优雅的，不失时机地激发它，使这个人能够发挥他的极致荣光，甚至超出他（她）自己的想象；教育绝不是使人在记忆知识的过程中，丧失自我的个性与创造力，甚至迷失自我。

教育需要引起学生**兴趣与好奇心**，产生学习的自我动力。从这一点来说，教育要避免过度批评学生。

教育分四个年龄段：婴儿教育 1 岁至 3 岁；幼儿教育3 岁至6 岁，此阶段教育要特别注重潜移默化，不可直来直去，注意从众心理的影响和基本习惯的培养；少儿教育 6 岁至 12 岁；青少年教育 12 至 18 岁，需充分尊重孩子，特别加强做法和形式上的尊重。我们在下面几节做具体讨论。

第二节　婴幼儿教育

婴幼儿教育指 12 岁前的教育。下面就是我通过对女儿的从小教育与互动进行思考，所得来的一些结论。

家庭教育对人的一生教育作用远远大于学校教育，这一点在 6 岁前的教育中特别充分地体现了。因为这是孩子更多与家长相处，而且学习能力更是基本模仿，很少与文字语言有关。

0—6 岁阶段是一个人的关键性教育阶段，孩子的一些关键的思维习惯和可塑性思维能力都是在这一阶段确定的。

0—3 岁时，孩子的快乐很重要，带着孩子多接近自然，接触自然孩子才能更自然充分地发展自己视听触摸等等各种身体能力；只有多接近自然，孩子才能学会欣赏自然的美，热爱自然，天然的美好也往往能更激发孩子创造美好的动力。自然界中也隐含了最深奥的学问，见的东西多了就会多思考，多提问，我们尽量不要直接去回答孩

子的问题，而是引导她自己找到答案，这对于培养她独立思考的习惯非常重要。也要从此时就培养孩子的独立能力，只要孩子可以自己做的，在保证安全的前提下就鼓励孩子自己去做。

父母对这一阶段的孩子的影响要注意以下一些要点。首先，行动优于语言，你去嘴巴教育，不如你行为的示范作用；其次要注意鼓励表扬；然后要尊重孩子的天性，尽量避免刻意影响孩子，尽量让她发展自己的天赋和特质，每个孩子实际上都有非常好的自己的天赋，能够在成长中发展自己的天赋非常难得。我们对孩子能做的就是使孩子的天赋发挥得更好，并适当修正和锻炼孩子特质中欠缺的一面。

3—6 岁时，要引导孩子如何做人，这比教孩子如何学习更重要；教孩子友善待人，帮助他人，看到别人的长处是去努力学习而不是嫉妒气馁；教育孩子要珍惜劳动，不浪费。

6—12 岁时，要培养孩子的一些基本学习习惯和兴趣，这比辅导功课更重要，这在孩子进入小学后显得尤为突出重要。

少儿教育中，多鼓励，更多暗示性间接的鼓励，而非简单直白的鼓励是个培养孩子优良习惯的重要方法，避免简单直接鼓励，才能避免孩子的逆反心理。尽量避免和杜绝直白简单的批评或蔑视!!!

对孩子不能用简单成人的逻辑智力，思维速度水准和方式做简单评判，不能做成人的第一直觉反应——直言相告或简单批评。对孩子要呵护就是要鼓励和间接批评与纠正。

养成良好的学习习惯可以使人终身受益。但目前父母普遍重视不够，而把目光集中在分数上，这是短视行为。学习成绩是一时的，而学习习惯是终生的，它对人的影响是广泛的、深远的。一些父母在孩子学习不好的时候，没有从学习习惯上找原因，而是从表面上、客观上找原因。而当学生有了良好的学习习惯、生活习惯，必定促进学习成绩的提高，这是“磨刀不误砍柴工”的关系。

我们常常发现有的孩子看起来很聪明，但就是学习成绩提不上去。他们常有些不好的习惯，比如一边写作业一边玩橡皮、铅笔，一边看书一边看电视，或者一边学习一边吃喝。这些小动作会降低他们的学习效率，影响学习成绩。看起来学习时间很长，却没有效率。养成习惯后，想改的时候已经很困难了。有的孩子会抄袭别人，或依赖家长订正作业，也会对学习产生不良影响。

对小学生来说，培养良好的学习习惯是多方面的，必须从一点一滴开始。诸如写字的习惯，看书的姿势和距离，上课要专心听讲，要不懂就问、勤于思考。此外预习和复习的好处很多，经过一天学习后，如若不复习，将会忘得一干二净。如果提前预习、将不懂的做好记号，第二天上课注意听讲，学习效果就会更好。还有在成人看来是小事，但对少年儿童却很重要的习惯，如爱惜书簿和纸、笔等学习用品，以及做完作业把书籍文具整理好等等，家长都要注意对孩子的指导培养。周围人的影响，特别是父母的榜样力量，对于孩子养成良好的学习习惯十分重要。父母勤奋学习，一丝不苟，专心致志地工作，是启发与激励孩子学习的一个重要条件。当然，习惯的养成关键还在于持之以恒的严格训练，在训练中讲清道理，导之以行，长此以往必然会收到良好的效果。

学习有了兴趣，自然就成了乐事，不会需要别人不断敦促了。

第三节　初高中教育

12 岁以后，孩子进入初中，知识量视野和独立见解都有了质的飞跃，这时候尊重孩子平等相待非常重要，因为孩子的独立个性此时也日益凸显；有可能多带孩子去旅行，多见些不同的人和事，开阔视野，了解社会；也该鼓励孩子有自己的朋友圈子；鼓励孩子多参加社会公益活动，增强社交能力。

初中阶段，知识量突然加大很多孩子会不适应；还有些孩子也挺花时间也挺认真，但不少课程成绩都有问题，如何应对呢？

首先要注意学习方法。如针对弱点进行预习，复习，学会了再做点题目巩固一下；不要做太多题目浪费时间，要把题目搞懂，搞透；如果作文不够轻松，就加强阅读；缩短上网时间，不要为简单上网查资料这个借口花太多时间在网上，同学们交流最好一起面对面活动，或周末一起去书店、郊外放松等。

其次要提高学习兴趣。在这一方面，有很多事情可以做。

第一，培养一个体育爱好。课多作业多，孩子很可能多少都有学习兴趣不强的问题，简单说教是毫无用处的，特别是直白的命令；要注意间接引导及分散注意力。例如，鼓励孩子培养一个体育爱好，这不仅非常有助于孩子的青春期成长，而且体力的活动往往会帮助孩子脑力放松下来，避免坐在课堂里，脑子想其他事，或者注意力不够集中，这是人体力和脑力的节奏性协调。周末看看电影，散步，逛商场都不错。

第二，注意力集中还需注意，要提醒孩子不要长时间不间断做作业，或上网，每隔45—60分钟去休息放松一下，换换脑筋绝对有助于提高专注力，也对保护视力很有必要。

第三，要尽量跟孩子**平等交流**。孩子阅历渐多，青春期又容易逆反，如果父母简单教训不注意孩子感受，孩子很可能自觉不自觉地在心里说：爸妈，你们OUT了……

第四，**假期旅行**。旅行或家长同学约伴在假期旅行挺重要的，比多上一个辅导班要有趣得多，旅行中孩子能够潜移默化开阔视野的东西绝不是书本所能代替的。

第五，多去**博物馆**看看。现在许多博物馆设置非常生动形象，涵盖多学科，知识性趣味性都很高，是孩子增广见闻拓展兴趣的绝佳场所。

第六，**鼓励孩子交1—2个好朋友**。独生子女都有孤独感，家长又忙，朋友的友情是很珍贵的，如果朋友学习的素养有些独到之处，孩子们往往能轻松借鉴。

另外，初中阶段，孩子的独立生活能力要有意加强培养和锻炼，例如，学习做饭、打扫卫生和培养花钱的良好习惯。

高中阶段孩子进一步长大，要注意加强他的独立能力，通过他的兴趣爱好培养社交和处事能力，鼓励孩子多参加社会实践，这也有助于孩子成长和确定自己大学的学习方向，学习兴趣。

第四节　我的中学语文课

就因为我学语文觉得晦涩不堪，所以成绩较差，相对数理化，语文老师总认为我不努力……

我作文基本都是 60—70 分，但有一回写说明文，老师给了 95!!! 但她竟有点怀疑我是抄的……再有次我写了首七言绝句，她说：不可思议。

其实人从不同角度看到的同一东西往往迥异，每个人都有很大局限，瞎子摸象的故事对每个人都是成立的，只是我们各人觉醒程度不同，能站的角度和高度有限，我们的幽默程度也有限度罢了。

记得语文课每篇文章都拟定了一个中心思想，要求我们要把那些中心思想背下来，但我从文章中怎么也看不出作者文章有所谓中心思想的意思，所以我就特别迷惑，甚至痛苦，也根本无法背下那些中心思想。被批评无数次！我的作文写得痛苦不堪，一个美好的星期天，就在积累 400 字的作文中痛苦度过。初中语文真的学得很失败，而且被语文老师认为我故意不好好学，所谓重理科，轻文科。

最不喜欢鲁迅的文章。记得小学初中高中，每半年都要学习几篇此人的枯涩文章……还要背那些发挥出来的中心思想，真是痛苦不堪，整个语文都给我留下晦涩乏味的整体错误印象，所幸古文还都朗朗上口，轻松愉快，简洁又有回味。

后来到高一的下学期，看了几本小说，顿觉写作文容易很多，不就是把想说的话写下来吗，表达一下，发挥一下。记叙文不就记录下吗，议论文不就感慨下吗。要不是多看了几本小说，真可能到现在还不会写几句话呢！感慨咱们的语文教学的那个死板呀，误人子弟居多。

看看现在的孩子，还在受着类似的折磨吧。

从我的中学语文课经历，就可以看出我们的教育，对因材施教做得有多差，更不要谈如何结合不同孩子的思维方式进行更有效的教学。也可以看到我们的教育体系对教育的理解有多么局限，其实，语文教学也就是教会孩子们多读几本有趣的书，多与孩子沟通各种想法，各种见解，教会孩子思考探索和阅读，引导孩子如何用语言，用文字，去表达，去沟通影响他人！

第五节　哲学历史政治与地理生物课

我国中小学里，标题中的这些课程相对于语文数理化来说被定义为副课，其实这些课程对于孩子的成长成熟和形成正确的世界观人生观，更深刻的认识自我了解社会起到非常重要的作用。

这些课程往往非常生动，但学生们可能会觉得索然无味甚至不知所云，其实这正是这些课程的教材设置和教学方式严重错误。不会把抽象的相关理论淡化，而强化各学科实际高度的现实性和应用性，因为这些学科如果从学问道理如何产生的来学习，就会简单丰富，而生动无比。例如，不要去讲述一些抽象的哲学理论，而去跟学生们做一点讨论。例如，人的生命跟昆虫的生命一样吗？有什么不同？植物的生命与动物的生命有什么不同？有什么相同？例如，如果人只剩下一天时间活着，你会做些什么？如果你拥有一亿美元你会如何生活？

这种教学方式的改变，就好像培养厨师，现在是："只给学生讲烹饪理论，不让学生动手做菜。"我们要改成："简单讲一下就让学生直接做菜，然后再提出问题，让他自己思考，让他自己得出烹饪理论。”另一个例子就是我们现在的教学是不断教育孩子要注意安全，要注意卫生，要自我独立，独立思考，要热爱自然，要多动手。我们要做的教学改变是，让孩子多参加一些户外自我生存的野地夏令营，自己准备，自己学会阅读相关注意事项和手册，安排旅行和时间日程。

当然，我们在做这种教学方式的改变时，对小学中学不同年龄段的孩子，需要做具体的相应调整。

教好哲学政治与历史，要更多讲一些哲学思考的故事，哲学家的故事。期望能真正给孩子们一些哲学的思辨，让他们能尊重思考。期望他们能从不同角度看待一些基本问题而在未来的生活中长期受益。历史的发展蕴涵了太深刻的哲学道理，又记录了太真实的政治力量。不要简单讲编年历史，而更多讲一些著名的历史故事或者相关电影(例如，埃及艳后)，让学生在乐趣中有所收获。远到希腊、罗马的故事，中国唐代的兴旺，宋代受到蒙古人的统治，近到二战的纷纭历史。看到人类的战争与和平，权利的兴衰。

涉及战争涉及历史，必然也涉及地理，不同文化人群的版图，涉及交通，如果看一部人类交通运输演变的纪录片肯定学生对河流、山脉、平原的概念会比较生动；对海洋、铁路、公路、飞机的概念有形象的认识。学习地理仔细学会看地图就非常了不得，如果去旅行，记得让孩子从地图上查看一下距离和线路，让地理实际生动有用起来。

生物课也一样，避免过度强化理论。例如，讲一个人受孕出生成长，到衰老死亡的故事，让学生体会到自己的身体跟生理卫生课息息相关。讲植物的发芽、开花、结果，到讲解粮食的生产，植物吸收水分，什么叫干旱。食草动物和食肉动物的种类与区别。多看一些相关的纪录片就很直接丰富。让孩子觉得生物课有趣，激发学生产生更大好奇。

学生们需要这些课程生动起来。

第六节 浅谈博物馆教育

带孩子去博物馆看看是一种生动而高效的学习，是把相对枯燥的书本教学变得生动有趣的一个很好方式。也是能综合各个学科知识，让孩子直接客观体验的好机会。即使同一个博物馆不同年龄去看，也都会有特别收获，往往没有重复无趣的情况，因为博物馆中的标本往往太生动了。

看博物馆也有多种形式，时间有限简短的走马观花式的浏览，时间充裕的不同分类场馆仔细观看学习；幼儿园和小学低年级时由老师家长带领的直观参观，主要增广见闻引起好奇，要忽略文字部分；小学高年级与初中阶段的相对知识性参观；高中与成人阶段的更为丰富的理性参观和学习。

欧美的博物馆相当丰富精美，建设和结构都接近完美，现在去欧美城市旅行的人可以作为一个主要的旅行内容。

下面介绍几个博物馆：

1. 南京地质博物馆

上周末跟孩子去了南京的地质博物馆，在龙蟠路和珠江路十字的东南角，居然有两个馆！老馆古朴历史，新馆现代博大，很多人带着孩子去还全免费，连工作人员都是多年的资深地质工作者……

在那里看到星球的演化、物种的进化，时光和空间让单个个体的人和他的寿命显得那样简短……也让你明白如果万物有始有终，那么地球的寿命或人类的征程已经是多么的接近终点……

珍惜你该珍惜的，做你能做的和应该做的……

私下以为，这地方比给孩子多少人生的说教好得多……

再自命不凡的人与再无知的人都能增加一点宇宙观历史观，都能平淡一点对人对己……

看到那么多恐龙和各种动物，再优美的人与再自卑的人都会有轻松一刻，看到比自己要么更美丽，要么更简单，要么更强大，要么更奇特的生灵……

2. 维也纳自然历史博物馆

前些天正好跟孩子一起看了南京的自然历史博物馆，这次在维也纳看到也有这样一个博物馆，自然没有错过。

博物馆分三层，里边有点热，没有制冷空调系统，因为维也纳的夏天从来用不到空调，但今年的夏天却很热，全球气候变暖吧。

每一层都很大，虽然总体结构与南京的自然历史博物馆相近，但每项分类展的细分样品重点不同，样品种类要丰富细致很多，样品数量庞大，样品标本制作精良，从昆虫，爬行类，鸟类，鱼类，到哺乳动物，灵长类；各种植物标本。

地质馆中，光各种矿石样品、晶体，就布满一个网球场大小的室内空间，海洋生物馆、爬行类馆、鸟类、古生物化石、微生物馆中十几台各种各样的显微镜让孩子们直接清晰地看到各种活的和死的微生物样品，直接动手调节显微镜，并转盘选择类似样品进行比较观察。

因为时间问题，我们只花了 2 个小时，绝对的走马观花，其实十几个馆，每个馆都可以看一两个小时。太丰富生动了，而且分类极其清晰合理……

3. 慕尼黑德意志博物馆

德意志博物馆坐落在莱茵河上的江心洲上，地图上看很大，很特别，听酒店前台介绍说也值得去，就去看了。这个博物馆也坐落在一座结构恢宏的欧式古典建筑中，200 米外街边的一个 2—3 人高的钢铁螺旋桨作为指引的标志。

博物馆把海洋船舶，从独木舟，到人力划艇、风动力帆船、蒸汽动力船舶，直到柴油动力船，各种时期的货船客船战船，从实样到缩微样品，详尽展示，甚至二战时期德国的 U1 潜水艇都实样展出！让参观者清晰地看到在海洋中出现的特别武器，包括海员的铺位与鱼雷储藏与攻击仓位……

德意志博物馆要比维也纳的自然博物馆大两倍以上，层数更多，因为不是自然历史博物馆，更多展示和介绍人类行为，重点包括：船舶与航海，煤矿与开采，石油天然气与开采，矿物和矿井保真度 99%，参观者实际在坑道行走。

天文馆、物理学馆、电器馆，各种展馆丰富而具体，体现了德国人的严谨逻辑。体现了在自然历史之外的几乎所有人类行为，人为地强化动手的历史……

在这博物馆我们时间很充分用了约 4 个小时，但真正仔细点看 2—3 天都需要……

这两个博物馆都相当不错，相当经典，就像巴黎的罗浮宫是**油**

画、雕塑艺术的博物馆。

4. 纽约大都会艺术博物馆

这是纽约人的一个骄傲，艺术展品极为丰富，从各个时期的油画雕塑，到古埃及的一个宫殿的一部分都给移入馆中，还有一面墙大小的中国的敦煌壁画，分享各个文化的艺术创造，见证各个重要历史的印记是对人类智慧的尊敬，是对人类创造力的赞赏，也是对今天人们的一种慷慨礼物与神奇启示。一件精美的艺术品，都是一个天赋极高的人倾注了几天到几年的时间的创造，值得我们去体会去分享。记得台北故宫有一件多层的雕刻，介绍说是一个御用雕刻世家三代人才完成的作品。

第七节 说理与教育

中国人的认知与沟通能力的偏低与现在的教育状况有关！

中国学生缺乏基本演讲和理解训练，更多注重读和写。缺乏思考和逻辑分析能力的培养，辩论和说理能力的训练。

教育可能教会了一个人许多道理，却没有教这个人说理能力。这个人虽然懂得许多，但他却不太会表达自己，影响他人，说服别人，缺乏这些说理的基本能力！没有很好的说理能力造成社会的整体教育水平不高，社会交流与沟通不足。

语文课过分强调“写作文”写的能力，其实，演讲能力——善于言谈和学会倾听远远比善于写文章要重要，因为讲话更简单易行，更频繁使用，对人的影响也更大更广泛。听的能力相对于阅读能力也是如此，听演讲半小时，比你读书半小时往往内容要丰富得多，也印象深刻得多。

数理化历史地理等其他课程也一样，没有多少要求学生“说”出来的，要求学生去讨论、辩论的，更多只是要求他们写出来，做题目。教学中，不管是课堂上还是课外，学生与老师之间，学生与学生之间的语言互动太少。

教育长期对说理能力的欠缺就导致我们相互沟通能力偏低，导致社会正面积极因素的影响有限，有时候反而负面因素的影响占了上风。而我们的优秀人才只完成了自我修养，例如，吟诗作画，而不会去影响大多数人积极向上，要么这些人才不具备充分的说理能力、演讲能力，只会在所谓精英阶层沟通，要么他们受氛围熏陶，已经忘了自己回馈大众的责任，正面影响大众的义务！

说理能力，你说不了正确的道理，自然错误的东西就大行其道。

在西方教育学中，**逻辑说理能力训练**从初中就开始了，经过高中，再到大学，不断加强，让学生培养与他人交往时必不可少的说理习惯。加州初中一年级（相当于中国小学6年级）学生使用的英文课本*SharpenUp*！就有“逻辑说理”和“提防宣传”的章节。帮助学生了解如何在写和读，听和说的过程中，不骗人，也不被人骗。明辨其中许多“逻辑谬误”和“宣传手法”（带有欺骗性的说法），这对一个人的一生都至关重要！

从*SharpenUp*！这样的初中教科书就可以看到，学校教育的一个重要部分是**语言教育**，不只是读写的技能，而且更是通过学习使用文字语言，**养成公共说理的理性思考习惯**。只有说理的社会才是正派、宽容的社会，这就需要尊重与自己不同意见的说理对方。对对手要宽容、厚道，陈述对方的论辩时应该尽量做到全面、准确、心平气和。争论说理中，不要一开口，就“完全否定对方”、自己也不可能全部正确！你对自己的肯定的结论也要用假设正确的前提，来尊重对方，而不是强加对方！在对方被你说服前，你只能假设自己正确，而不能强迫对方去同意你。

我们的学校里严重缺乏培养学生基本的理性辨析能力，这需要改正。受到良好教育的人应该更能清楚表达自己，更能被听众认同，更具有说服力。

公共说理是要通过交流、说服来达成共识。公共说理不是吵架，说理失败才会去吵架。吵架是一种恶性激化人际意见对立的话语行为，而说理的目的则恰恰是要尽量消除人际意见对立，化解分歧。公共说理是公共文明的成就，也是良好社会关系、人际秩序的根本条件。中国的公共说理教育不健全，提高公共话语理性的自觉性应该成为各阶段学校教育的一个重要项目。

说理能力也是沟通能力的一种，通过学习训练来加强我们的说服力。学习训练包括，语言教育，演讲能力培训，分析能力训练，逻辑推理训练，演绎能力训练等。包括听，说，表情等身体语言；读，写能力；也包括行为表达能力，即用某种行动去表达自己的意思，而不是用语言，因为有些情形行动表达更清晰确定，行为更有亲和力，语言太过间接了。例如，我们要说服他人不要酗酒吸烟，那我们自己首先要做；我们要说服他人给老人孩子乘车让座，那我们自己首先要做；我们要说服他人不要拜金，那我们的行为要符合。

所以，良好的教育需要培养我们的说理能力，我们的教育急需强化提高说理能力。

第八节 模仿与叛逆的故事

学习的两大基本状态就是：模仿与叛逆……

模仿就是学会别人会的东西；

而叛逆，则是学会别人不会的，纠正别人错的。叛逆，即创造……

这里特别想多讲一点叛逆。

乍一听可能突兀，叛逆是学习？从未听过……

但你一定知道，哥白尼、伽利略、牛顿、爱因斯坦……如果没有对前人的叛逆和不从，这些人就根本不存在了……当然可能也没有了现代科学……

昨日在球场上听到一位家长对自己12岁孩子的感慨：怎么搞的？以前从来都是我讲什么，她就听什么……现在怎么讲就是不听了……言外之意：愤怒亦无奈……愤怒之余，看到孩子正打出一记尚可理解的失误，便出言极度指责，孩子顿时眼圈通红……可怜之至……

孩子很无辜，首先人都有失误，其次家长不一定都对。并且这一状况正表明，一般家长都习惯维护自身权威，从而忘记了叛逆也是一种惊人的学习状态！特别是孩子青春期，二次启蒙，你想，如果你的孩子一生唯唯诺诺，不会提问，不敢提问，或根本不能提问……你会开心吗？孩子的质疑，甚至叛逆应该得到相当的适当鼓励!!! 因为这正是人的好奇心推动的思考能力!

您的孩子不听从你的或老师的简单命令，你该高兴，他/她善于独立思考了呀……特别是孩子青春期的逆反心理，这正是孩子智慧发育成长的一个重要时期，孩子的独到见解、创造力将由此拓展……影响一生……

如果家长习惯于简单的否定，甚至训斥孩子的不从或叛逆思想和行为，这将一定阻碍孩子的智慧发挥……

结果可能是，您的孩子就此变成为一个俯首帖耳的仆从式人物；或相反，老是故意叛逆，太坚持己见……

很可能会一生缺少分析事物两面性的能力，变得简单或偏颇；埋没不少本身孩子潜在就具有的大智慧……

这我想是每个家长都不愿看到的……

（当然对孩子的意愿和叛逆，也不能简单依从甚至纵容，这正是您该给孩子讲解事物丰富多彩的机会，讲清楚事理的辩证与两面性的机会……）

模仿，与保守，与维护现实主义有关，与稳定有关。而叛逆，与激进创造，与理想主义有关，与不稳定有关，与发展有关（当然也与衰退或失败有关）。

世界是由理想主义者改变与创造的（激进），却是由现实主义者去经营维护和发展的（保守）。

当然，没有一个人是绝对的非现实的理想主义者；也没有一个人是绝对的现实的非理想主义者。

第九节 从众心理和推陈出新

从众心理是人类的一个本能。别人都在做什么，你也会跟从着那样去做。例如，如果大多数人都在上下地铁的时候严格做到先下后上，那么一般人也会服从这个习惯，而不会随便地铁门一开就先往车上挤。从众心理是人的一个基本心理习惯，它超越文化与时代，它也是人的一项基本属性和能力，它往往提供给人安全，它与随波逐流这个贬义词是不同的。例如，你随着一大群旅行者登上山崖欣赏风景，山崖很高，别人都用手抓着安全护栏，你也抓着护栏，这是从众心理。如果你翻越护栏，甚至跳下山崖，这显然就不是从众心理下的行为了，只能说疯狂丧失理智或完全没有从众心理和基本判断。

拥有敏锐的从众心理，而又能不简单的随波逐流是一个人的一种能力所在。许多人都不讲卫生，言语粗鲁，你也简单跟着学，同样习惯那样去做，那就是缺少独立思考了。人的一生中，如何在基本的从众心理的环境本能之下依旧保持清醒的思考能力？做到有所选择，做到理性，做到创新呢？学习，思考和行动。

学习本身就是某种程度上的从众行为和能力的延展：培养习惯，积累知识。知识就是被前人确认的结论、概念和理论。学习能力就是一种模仿能力，记忆，理解，演绎，推理。你在学习，在思考，在进一步明晰自己想做什么，如何去做。做的过程中也能及时思考与调整。如果学习把你局限在一个习惯范畴，比如学生只知道做试卷，都不愿意听讲座，看电影了；比如成人只知道上班时泡杯茶，开电脑打游戏，那么这种学习就是失败的，它阻碍了你的独立思考、推陈出新、创造的能力。

如何让从众心理不要最终阻碍推陈出新的能力呢？让积累大量知识不妨碍创新能力呢？除了思考，独立思考，还要学会变换角度去思考，能站在更高的角度去思考，去看问题。当你能看到千年的历史兴替，巨富的悲欢故事，你可能就更容易不会为一点眼前的权利和金钱而做一些出格极端的事。

良好的教育应该能促进推陈出新的能力，使知识、习惯、素养成为创新的动力，成为创新的促进因素，成为创新的基础动力。良好的教育不应该过度削弱人的求异性思维本能。人没有对现有概念的怀疑与否定的欲望，这是非常糟糕的，基本意味着无法创新。教育应加强人的逻辑分析能力和演绎思考能力。基本的逻辑分析，横向纵向比较是得出结论的基本方法；演绎和抽象思考形象思考有助于找到一些被隐藏得很深的关系。

第十节　当诚实成为一个问题

前年去丽江，小旅店里有许多相邀同游的纸条，黑板上也是约伴！头两天特别惊讶于这里的**轻信**，随后便是释然欣赏甚至敬仰了。

想想日常城市生活中对陌生人的防范，不信任和巨大的距离感，真是好陌生，好奇怪。为什么，丽江、香格里拉就会有信任??? 说实在的没怎么想通。是人口密度少？是人群类似——都是闲得没事玩来的??? 还是人群素质高？还是就这样氛围？

真搞不懂。

想想国外，欧美国家都说是言论自由，其实街上每个人讲话都很小心翼翼，生怕不礼貌或触及对方隐私或个人权利，很容易冒犯法律问题。一般人都礼貌，但不会与陌生人随性讨论不同话题。讲假话在西方世界是被人看不起的，是个严重缺点。别人有权利不告诉你，但欺骗是另一种性质，往往触及法律。

现在中国社会一般人很难轻易相信他人，不敢随便讲真话，而且说假话没有成本！确实！讲假话没有成本！法制还没有明细到这个地步，如果建立严格点的信用制度是不是会好些？只在电影里听说过伪证罪这个名词，如今说假话会得到什么样的代价呢？好像现在所谓的聪明人都在讲假话，讲简单的真话一定会被称之为傻！大家都在防范，都在习惯性不诚实，这很令人失望，人们活得累，社会的交流成本很高。

当诚实成为一个问题，虽然社会有责任，制度有责任，但你我也都有责任，实际的改变需要从你我做起。

第十一节　体罚也是一种教育方法吗？

体罚也是一种教育方法吗？

今天下午我们四个人在奥体打网球，突然旁边球场传来撕心裂肺的男孩子的哭叫声，我们都被惊呆了，以为发生了什么惨案!!!

男孩的声音那样的绝望，那样的凄惨无助，让我暗自怜悯这件惨案隐含的一个孩子的痛苦童年。

究竟发生了什么?！旁边球场里，一个女子正不停地重重挥拍击球，网球一个一个不断地高速打击在那个男孩的屁股上！一个八九岁的男孩，弯腰对着球网，痛苦地大叫。原来是对孩子的体罚！

我们四人的第一反应都是想冲上去，制止并指责那个女子，或许是教练吧……

球友否定道："一定不是教练，一定是他妈妈！！！……"

哎，也许，那男孩的球没打好？也许孩子来晚了。也许那女子今天有些不愉快在故意发泄？

也许……

后来有教练告诉我说：这是专业网球教练流行的对待小孩的方式。

但体罚也可以是一种教育方法吗?！！！起码我是坚决反对的。

但许多教育工作者却认为体罚不失为一种特定的教育方式，认为现在孩子生活太过甜蜜，需要偶尔体罚的严酷。甚至有些家长也同意这种观点呢。

体罚我想已经超越了人性的底线。

第十二节　教育的内涵

每年对高考题的批评都很多，我们的教学有什么问题？什么是教育学？教育学生是一个**老师与学生的沟通**，一种人与人的沟通。教育学的内涵就是**一种人与人沟通的艺术**。

数学、物理、化学，不教会孩子一定逻辑思维的习惯与技巧，提

高学生严谨分析和总结的能力，就是不懂教学。语文、政治、地理、历史，不懂得教会孩子阅读文章，引导孩子认识世界，学会自我表达的艺术就是不懂教学。英文不能教会孩子英文的读、说、写、听，另一种语言的基本沟通能力，就是不会英文教学，过分沉溺于语法是错误的，孩子不需要成为语法学家。

教育学的一项很重要的基本原则就是维护及提升学生对学习内容的兴趣和好奇心。这是教学艺术的核心所在。对什么没了兴趣，那再好的事情都会成为负担拖累。学生对教学内容没有兴趣，对问题没有兴趣，老师累，学生更累。

为了考出更高的分数，太多孩子为分数本身所折磨，大量的时间用来做所谓的有效快速提高分数的技能训练，没有时间搞自己的兴趣，甚至没有时间放松。2010 年的高考数学题，满分 200，江苏全省数学平均分才 83 分。这也在客观上证明应试教育没能激发学生的能力，甚至没有真正的提高全体学生的平均成绩。

教育更应该是对学生的培养，而不是对学生的一个筛选。更应该激励学生自我学习的兴趣，激发这种动力，而不是对学生的简单教导或要求服从。

我们的教育缺乏对学生天性的保护和鼓励，对老师与学生之间的特殊的沟通的艺术没有充分的重视和研究。虽然也强调培养人才，但培养这方面远远没有做好，而且实际上太强化了人才的筛选，应试教育就是一种简单的筛选，而且要求学生高度地服从（高考制度更像一种现代科举制度）。长期的应试教育制度是我们的教师队伍往往更喜欢服从顺从的孩子，往往对思维活跃的人不够传统的人不够包容，甚至打击和否定。试卷的模式也往往会给一个按部就班的人一个死记硬背的人打满分，对逆向思维予以否定，没有对学生求异思维与好奇心的鼓励，对创造性思维的保护。

第十三节　教育的目的与题海战术

教育是对学生的培养，是通过激发学生的兴趣与好奇心让他们充分发挥出自己能力的过程。教育的目的是让学生积累知识，发展能力，让学生拥有良好的身体素质，培养良好的道德观，形成丰富的世界观的过程。

我是极反对题海战术的。我们也都是从学生过来的，如果老师布置题目，一类问题的作业重复过量，应该给孩子选择权，懂了就不用再做类似题目；虽说熟能生巧，但理解的深度和应变能力关键还是靠各个孩子的思维习惯与锐度，简单重复不一定有效果。

作业是帮孩子去理解学问，还是让孩子简单服从从而剥夺孩子的个性与选择权？假想一位数学老师因为班上其中 5 个孩子的成绩不够好，就给这 5 个学生作业量加倍!!!

请问能收到什么样的效果？这五个孩子的选择可能是：要么熬夜做完伤身体；要么干脆破罐子破摔不做作业……

题海战术用大量的作业来压孩子，不是在培养教育孩子，实际上是对绝大多数孩子的一种打压，因为大多数孩子都疲于应付，都给搞得没有时间，而且糟糕的是还有少量的所谓优秀学生能够很好完成！确实学生中有各种素质都特别优秀的，记忆力特别好，思维启蒙早的，但如果教育本身只是选择，只是表扬优秀学生，而同时伤害了其他大量的天赋秉性各异的孩子，那这还叫什么教育!!!

教育如果只是做做筛选的话，那也太容易了。而且这种筛选方式本身也很有问题，因为不同孩子，思维发展是与年龄是相当不同的。例如，女孩思维发展相对早于同龄的男孩；不同思维方式的孩子，能力飞跃的极端也很不相同。你怎么知道今天学习较差的孩子，明天不会是很优异的那一个呢?

孩子都潜力巨大，每个孩子都是天才，鼓励和激励孩子的兴趣与好奇心，对保护孩子的天赋意义重大。有兴趣才能有动力，才会对东西有好奇心，才能使他们在适当的时候，适当的领域把自己的才华发挥出来。这才是教育的目的所在，这才是教学的艺术所在。

过分的重复练习往往使孩子觉得学习枯燥，对学习没有了兴趣，更占用了孩子大量的时间，让孩子没多少时间去阅读更多的书籍学到更多的知识。学生时代没有时间玩耍，没有时间锻炼身体对孩子伤害很大。

题海战术，还有难题战术，更容易伤害孩子的自信心。作业数量一大，很容易让孩子疲于应付，没时间真正认真仔细的思考，仔细的做题目，难题更是需要时间需要孩子反复推敲，来不及完成作业或解不出难题有些学生甚至被迫抄答案。这对孩子的道德意识绝对负面。

作业占用时间太多，更是让孩子没多少时间接触社会，享受生活，对形成良好的价值观、丰富的世界观不利。

拒绝题海战术，加强培养和激发孩子的兴趣与好奇心，给孩子时间、空闲，鼓励他们去运动，去更阳光更真实地生活，进入社会，独立思考。让我们每个教育工作者和每个家长都能积极地参与其中（家庭对孩子的教育影响要大于学校教育）。

第十四节 从高考看中国教育现状

有太多的中国家庭为孩子的教育问题所折磨，操碎了心，花了太多的钱和时间，但似乎于事无补，依旧困顿迷茫。

一位知交的女儿今年考大学了，过了一本线三五十分，通了近一个小时的电话，她的父母说，女儿对专业无所谓，也不知道怎么选!!! 我挺惊讶，因为这孩子从小我就认识，视野开阔，见闻颇广，而且老到，我说让我跟她聊聊……

果然，18 岁的她选择清晰：读语言人文类学科，再到美国读书、工作、定居；或直接就去国外念大学。

高考近三十年大环境之下，今天似乎一流的学生对国内的高等教育近乎拒绝!!! 君不见，名流显达，哪家孩子在国内读书?

我问过一个南京外校的孩子，他说他不参加高考的，他们学校一半以上直接出去读书!

教育只是选拔和否定：今日大学教授普遍的看法是：现在的硕士生水准，也就十年前本科生水准!

人才流失和浪费严重：大量一流学生的外流，且大多并不回国，意味着教育投入的绝对损失! 当然从更广的角度讲，这有利于文化交流和民族性的国际升华。

人可能要说了，牢骚人人会发，你说怎么办? 请参考下面内容。

第十五节　中国教育应做的改变

中国教育目前是什么状况呢？中国教育的普及程度较高，但想要受到良好教育的成本也高；施教的水平还相当低下，地区差异很大；教师收入较低。目前教育的僵化性与压抑性导致对学生智力、学习能力的摧残和破坏。

目前教育风格：主要以教知识为主，缺乏培养学生的自我学习能力，缺乏对学生个性和特质的尊重的差异性教学，而只进行标准化教学内容。对有特别才华的孩子却可能产生排斥和歧视，例如，特别喜欢动手的孩子；不太喜欢坐板凳死读书的孩子；不太喜欢遵从，喜欢求异思维的孩子；喜欢逆向思维的孩子。求异往往是突破和发现之道。

目前的教育属于高度的应试教育。没有给孩子形成简单而良好的学习习惯，培养自我学习能力；而是过分简单化考试教育，唯分数论，误导家长与学生对学习价值所在的认识，也容易造成厌学。应试教育为了提高分数要求孩子大量重复练习，给孩子的想象力创造力留下有限的时间与空间，容易对学习与探索失去兴趣。

例如，目前的教育，语文数学，往往一味加大知识量，并将复杂程度提前，如，初二的数学内容放到 5 年级，以便把学生区别出个三六九等，拉大距离；或用奥数增加学生学习难度及上课时间……知识的简单堆积和重压会造成孩子学习能力的下降，简单表现就是厌学，没兴趣学习。

王小石在《何为真正爱国》一文中就这样说：

> 我提到建设民主、正义的中国社会关键在于提高人的思想和素质，因此最急需解决的就是社会教育问题，我们应该强烈的呼吁引导国人关注，用民意推动政府真正拿出做教育大国的气魄和责任感来，彻底根除精英们鼓吹的教育产业化的贻害，无条件的承担起社会教育投入、发展的责任来，把更多的教育资金切实投入到最需要的教育贫瘠的穷困地区，最大程度的保障穷人孩子享有与富人孩子一样的受教育权利，因为这是社会公平公正的最后一道底线：起点公平，而且这也是中国社会高度发展的根源力量。

如此看来，中国教育需要哪些改变呢？

第一，要改变简单应试教育的现状，强化对学生学习能力的培养；更注重引导教育和保护孩子的智慧，而不是简单灌输尽量多的知识。

我国中小学里教哲学，是否能讲一下哲学家的生平故事，苏格拉底、柏拉图、亚里士多德，讲一些经典的哲学思辨讨论的故事？哲学并不深奥，其实是最简单的表面之下的道理，它不是填鸭式教出来的，而是引发每个人自我的思考，成为自己的东西，才会让自己受益终身。讲历史也可以讲述时代发展的故事，一些重要的时期，例如，第二次世界大战，看一些纪录片。

第二，要加强道德教育。从简单的善良、助人为乐、敬老爱幼，到从历史的角度去讨论权利财富自我与博爱，避免简单批评说教，而把道德融入自尊的角度，能使孩子主动做到许多事。

2008年10月4日，山西朔州23岁的教师郝旭东被学生李某捅死在教室；10月21日，浙江缙云31岁的女教师潘伟仙被学生丁某掐死在家访途中；10月29日，中国政法大学43岁的教授程春明被学生付某用菜刀砍死在讲台上。一月之内3位教师倒下，这3位青少年的天性，为何沦丧到残害老师的地步？心理学认为，本质原因是我们善良教育的缺失。

在现实生活中，很多母亲不能原谅孩子的“贪玩”，强迫他学习自己不喜欢的东西。心理学家认为，压制天性不利于从小培养博爱、同情、宽容等品德。又有很多家长认为“人善被人欺”，所以他们不愿意对孩子进行“善良教育”。如，他们总会对孩子说：“别人打你，你也打他，打不过就咬他”；有的父母给孩子灌输“社会是如何尔虞我诈”“人与人之间是如何钩心斗角”等。幼年时的家庭熏陶往往构成一个人的基本道德观。

第三，加强身体锻炼，能对一两种运动有很好的爱好。这对生长发育期的孩子来说，往往是受益终身的事情，远非多学一点知识可比。

良好和健康的身心，尽量强健的体魄和体能，也是教育的一个重要部分，而我们现在的学校教育把体育只当作一门课程，一门很不重要的课程。

第四，提高教育者的收入水平，尤其是边远落后地区的教师收入，真正使教师获得成就感和荣誉感。

教师群体如果没有比较高的实际收入是很难真正被人尊重的。教师职业也无法聚集到有相当素养的一群人。教师们教导着一个社会未来，如果教师们都素质很低或者收入捉襟见肘，你很难想象社会的未来会非常欣欣向荣。

第五，实现真正的义务教育。政府，社会应提供全部教育资金，教育的充分义务性，现在我国的九年制义务教育还可笑：比我小时候付出的占家庭收入比例高了多少倍？学校建设及教学费用与教师工资应全部进国家财政，由税收支付。从幼儿园、小学、到初中高中，乃至高等教育，为教育提供资金支持。

最后，完全废止教育产业化商业化的教育理念（虽然允许和鼓励私立学校），教育应是长期效益的有益投入，在一个孩子身上见效也许在 10—20 年以后，这就是国家为什么应该不分贫富家庭先期投入以保证每个孩子受到正常的和充分的教育。

第十六节　给父母亲的备忘录

— From the Old Testament

A cheerful heart is good medicine,
but a crushed spirit dries up the bone.
开朗的心情是最好的良药，
精神的彻底颓败才是真的病入膏肓。

人需要积极阳光的一面，过于烦恼忧愁往往只是庸人自扰。人需要有自我追求，自我约束，人要强调自尊，如果一个人真的彻底精神颓废了，那活着就毫无意义可言了。

The words of a man's mouth are deep waters,
but the fountain of wisdom is a bubbling brook.
人口中的话语往往深沉如大海，
智慧的泉水才是世间最欢快的溪流。

每个人都会经历太多的故事，遇到太多自以为是的说辞，只有智慧才能使一个人能出繁入简，脱离对虚妄的追求，而用自己的时间做些有价值的事。

Better a patient man than a warrior,

a man who controls his temper than one who takes a city.

拥有耐心的人往往胜得过勇士，

能够控制自己脾气的人，胜得过勇夺城池的勇士。

拥有耐心，学会坚持不懈甚至忍受平淡无趣，坚持是能够做到真正困难的事情的必需要素，否则，你再具有天赋才华也很容易眼高手低一事无成。人会发脾气，这没什么，但真的让自己失去理性控制的发作就非常有害，懂得控制自我情绪是一个人的修养，也是一个人拥有朋友和完成工作的重要素质。

第十七节　教学方法的心理学思考

广义的教育从心理学上来说就是增加人的认知能力。

让我们从心理学角度看一下，如何分别从老师和学生的双重角度提升教育水平。

人在学习的时候如何才能效率很高，而且学到的东西又不容易被忘掉，又能被充分运用呢？学生要主动学习，老师不要简单灌输。这样才能加强学生的自信心、好胜心，加强学生的自尊。

学生主动学习，是指不要简单接受学的东西，简单接受被灌输的东西。学生要独立思考，尽量主动去通过思考来获得一个问题的答案，一个现象的解释，锻炼自己的分析和推理能力。即使被灌输一个说法，也一定要自己反复理解消化，把它变成自己的东西。许多情况也要学会对一个说法的质疑，用否定之否定的方法得到的结论往往特别生动，往往理解很充分，因为你在怀疑和否定中必然要从不同角度和不同情况进行仔细的分析与思考，这就让课本上的知识和理论变成了自己的东西，这就不会让自己死读书或者成为个记忆的机器。当然主动学习的基础还是学生对学习内容要有兴趣，要有足够的好奇心。

老师的教学不要简单灌输，而是更多想办法让学生自己独立思考去自己获得答案，通过激发学生的好奇心，提高学生的兴趣而主动学习。要让学生在学习过程中增加自信心自尊心，提高能够学会能够学得很好的自我肯定与动力。

老师要学会提问，提问会增强学生的好奇心。老师适当的问题给学生自我思考机会，给学生一定的回答问题的时间，就给了学生独立思考空间，思维习惯的锻炼。让学生回答问题，他们才能提高自己的表达能力，一个学生在讲，其他学生学会倾听和思考，学生就学会理解与分析。老师的提问并让学生充分表达同时也是给学生们的一种高度的尊重，潜意识里，学生们往往会更加主动努力，包括预习、复习。老师给学生留作业也要考虑能够加强学生的独立思考，而不要只考虑对课堂知识的简单重复与加深记忆。

老师要学会对比教学法和否定教学法。对比和否定的方法能激发学生的好奇心，增强求知欲。人的本能就有质疑事物的心理，要鼓励保护学生的质疑，而不要不让学生质疑，例如，质疑老师正说明这个学生在非常积极地思考，只要老师是对的，那又有什么关系呢？不正是展示老师魅力与能力的最好时机吗？老师不要简单讲述正确的理论，也要讲述错误的说法，让学生学会质疑，敢于否定，学会不要轻信，认识到独立思考的重要性。能够质疑和否定是能够创造的必要条件。

老师也要学会激发学生的好胜心，让学生主动学习。有竞争，必然要求学生更努力。这一点应试教育中的比分数排名次是简单有效的。但如果不简单以期末成绩做比较，而加入平时成绩，加入对学生进步程度的考核就更好；如果能加入学生综合能力的比较，如，演讲能力，公益活动的积极程度等等。

从心理学角度来说，学生自己主动学习获得了知识和理论会加强学生自信心。学生学会质疑和否定有助于提高自信心，保持好奇心，增加求知欲与学习的兴趣。质疑和否定也是自己提高分析推理和演绎的能力的有效方法，可以让自己的认知潜能进一步释放。老师简单灌输，要求学生服从，往往让学生从心理上排斥学习，容易丧失对学习的兴趣，甚至潜意识里蔑视被要求学会的东西，或者形成盲从的习惯，好奇心下降，同时分析思考能力也得不到锻炼提高。过分服从权威过分传统就意味着创造力丧失。

人的讨论与争论在心理层面就是一种交流一种沟通，即是一个相互教育的过程，也是一个相互学习的过程。所以说广义的学习贯穿人的一生，因为我们总需要对事情进行讨论商量，对事态进行观察理解交流分析讨论，最后才能做出正确的判断与决定。我们通过学习充分加强自己的分析判断能力，加强自我的表达能力和说服他人的能力，会让我们终身受益。

第十八节　人的能力三要素：认知，思考与行动力

认知指了解人或事物的真实信息。例如，看到一个篮球，你可能都无法简单判断那是一个真的篮球还是一个制作精良的金属仿制品，

你必须走过去把它拿起来，然后再拍一拍才能知道这个球到底如何，质量如何。例如，你刚认识一个陌生人，你必须要跟他交谈，也看他的举手投足气质表情，才能对这个人有所了解，有所认知。

人的认知能力是人的行动能力的基础。一个人对他人或事物有了一定准确的认知，再经过思考分析判断，才能构成一个人的行动能力。没有认知的基础，行动无从谈起。就像法官处理案件，对嫌疑人和每一个线索证据要有充分论证成立，分析推理，才能判定嫌疑人是否有罪。如果对案情线索掌握不够或者不够准确，那即使法官再有经验，再智慧也不可能做出正确的裁定。

人的认知能力，抽象的分析思考能力和综合的自身行动能力构成一个人的能力的三个要素。每个人的这三个能力要素的大小与特性都是很不相同，其中有很难改变的先天成分与天赋（如身高、力量、思维模式与能力大小），也有通过后天学习思考自身努力而获得的。而且，如何在人的后天成长学习中保护和发展自己的天赋更是非常重要的。我们的学习和教育就是尽量帮助每个人保护和发展自己的能力。

认知能力，思考能力，行动能力，这三者之间虽然是相互关联的，但却也有着一定的相对独立性。例如，能够认识事情和思考事情很清楚的人却有可能缺乏行动力，他可能很知道如何去做是对的有效的，但就是没有那么强烈的实施的冲动。就像将军的参谋可能很会认识战场情况，分析判断，但最终指挥军队的果敢却远远不及将军本人。将军的认知能力可能不够细致，但他却能通过几位细致全面的参谋，补充自己的认知与思考，提升判断与行动的效率与正确性。

你可能说行动能力独立于认知能力可以理解，但人的认知都是需要经过思考的，思考能力强意味着认知能力强，思考是认知的基础，人的认知不能独立于思考，人的思考也不能独立于人的认知吧？我们来举一个例子说明一下思考是独立于认知的，假定有 3 个人，他们对一件事情的状况有了同样的认识和了解，但三个人经过自己分析与判断，却往往得出不同结论。

这三个能力要素对一个人的工作与生活都有着核心性影响。

例如，在工作中，了解任务的内容与其专业性和复杂性，考虑自身情况（时间、精力、知识、能力），判断自己是否能完成任务，如何去完成任务，如何组织其他资源帮助自己高效完成任务。

例如，在生活中，你认识一个朋友，要能正确深入了解他，才能做到相互尊重，求同存异，愉快相处。了解不当，或者思考局限都会直接导致朋友之间出现不必要的问题，例如，过分热情也会造成误解。

认知思考与行动这三种能力本身都有一些特点，我们会在随后小节分别做一些具体讨论。

第十九节　人的认知基本理论之一：错误性与局限性

人的认知的一个基本理论是：**你的认知总是有错误的，或者说是还需要修正的；你的认知总是局限的，不是完整的认知**。

人是不可能做到绝对完美的。人对外界与自身的认知本身也充满局限性和错误性。换一个角度，换一个时间与条件，原来对的事情就错了，例如，人需要锻炼，但吃太饱还激烈锻炼就是错的，生了病要还锻炼就更是错的。

这一理论超越人的年龄、人的文化、所受教育、性别、社会地位及职业等。

并不是小孩才做错事，老人成年人也一样；即使东西方文化不同，但任何一个人在任何一件事上其实都没有做到完美；并非所受教育越高就越明智，就能完美，往往教育也有非常局限的一面，特别是如果这个人不能时不时跳出来看问题；职业更是这样，职业往往对人存在严重的异化，使人局限于职业的环境、职业习惯和职业方式本身，例如银行职员对票据与钱款有特别的敏感，习惯于洁净的环境，一个从事多年银行工作的人往往对工厂农庄陌生到好奇的程度；人对异性往往会有很多难以理解的地方，以及错误的理解；高的社会地位往往会使自我产生错误的完美感，但这可能只是又一个错误。

要想提高认知能力，就需要教育；需要社会与生活阅历及思考；需要与朋友交流听取意见，借鉴他人的思想；需要制度与道德法律，以超越个人与小群体的生活方式与习惯做法。

人的认知与行为能力在正常人一生中的曲线是一个近似于高射炮弹道的抛物线，而不是一般人所期望，所描绘的那样越老越智慧的单边随时间上升的曲线。老了认知与决策行动能力更易犯错误，不同人陡降的年龄不同，可能有人 50 岁，极端的甚至 35 岁，如受职业狭隘局限；认知能力与体能状况与健康状况大有关系；因为肉体状况对精神与思想是有深刻影响的，而不是有些理想主义者认为的：思想可以是完全脱离物质肉体的。

接受认知的非完美性理论，那么生活中，人就要学会主动接受自己都会有一定的错误与不足，而且这是完全不可避免的。面对自己的错误，既不需要过分自责，也不要认为理所当然，而应该在自己的能力精力许可的范围内努力提高。

人永远无法完美，就意味着一定程度上的妥协与折中才永远是最明智的选择，而且这与懦弱丝毫无关；学会折中的艺术是一个人成熟的表现，坦诚和接受自己某方面的缺陷和局限是很睿智与正确的做法。

学习中也要学会放弃，学会取舍，才能优化自己的学习整体效率，而不是见书就读，毫无选择。

换个角度讲，基于人的非完美性，也才有可能导致人的个性。因为人各有所长各有特点，也就要求大家学会相互配合，学会合作共赢。不要像矛与盾，非搞到你折我穿不可，而要相互利用所长，协同发展。

再比如，夫妻双方都要能更客观地看对方，而不局限于缺点，因为可能正是这些缺点才会造成以前曾经那么吸引过你的优点。

许多人，甚至是很聪明很有教养很有思想的人，在自己的大目标，实现目标的途径及如何实现之间都会错误地假定许多很难逾越的困难壁垒，而这些假想壁垒却可能使人无法前行，终身没有尝试。聪明反被聪明误就是人的非完美性的体现。

例一：一个5年级女生，周末在家做作业，她的一个女同学一家经过她家，电话邀请她一同去牛首山玩，她其实很想去，但却一口回绝了，因为她认为父母根本都不会考虑，其实她母亲当时就很惊讶，因为她女儿做了几个小时作业正需要出去玩玩，为什么女儿不去?!后来，双方家长偶然交流才明白原委——只是女儿的自我假定……

例二：认为慈善捐款很难或肯定很少，而没有意识到账目清楚透明和使用合理恰当才是捐款源源不断的基础……

第二十节　人的认知基本理论之二：模仿与叛逆的并存

模仿与叛逆并存？这不仅仅存在于婴儿和儿童身上，也完全存在于成年人身上，只是婴儿期模仿性更强。

模仿是基于从众心理的行为，是学习成长的主要方式；叛逆是人的个性与创造力的具体体现，没有基本的求异思维，人将意味着贫庸乃至丧失人的基本特质。

叛逆一否定他人或否定经典的冲动，是人类潜意识里自尊的基本体现，也是人自我价值实现的一种必然方式。

模仿与叛逆本身伴随一个人的成长伴随他的一生，充分包含了其个人的思索，包含其个人个性的充分内涵。

模仿与叛逆是教育学、教育心理学的根本内容。

教育在强化模仿的同时更要学会尊重叛逆，不能简单否定叛逆行为和思想，因为叛逆本身往往才是人类真实的智慧之光。

学会使用和顺应叛逆的本能是教育学比较高深的一部分。例如，反问问题引起思索；例如，激将法。

第二十一节 人的认知基本理论之三：置身事外

认知的重要规律在于能够置身事外。

就是说只有跳出这个东西本身，才能真正仔细认识这个东西，才能再钻进去研究这个东西的内在。

这一点，对于观察一个物体、认识一件事、学习一门学科、做一项研究、认识一个人，都具有普适性！

在对于自我的认识中，或对自己亲人或好朋友的认识中，也一样有效。

从独立角度不同角度或者外部观察研究，才能够获得更正确的认知。

通俗讲，“不识庐山真面目，只缘身在此山中”。

盲人摸象，容易错误，因为只摸了局部，未能从更远距离认识大象的整体，未能从不同角度都了解大象。

例一：一个批评他人的人，如果能先假想自己处于被批评者的立场，往往更能理解对方为何会那样做，那样决策与选择。这样再做评论与建议可能更有意义，对方也更好接受。

例二：一个心脏科医生，如果能成为非常优秀的心脏科医生，那么他一定要能跳出心脏学科本身，对人的整体，有一个更完整的、更协同的认识，甚至包括对人的精神、心理与情感的认识。这样再进行心脏学科研究可能才会更客观，更完整。

例三：自我认识。

太多人一生都不曾认真地仔细地审视自己研究自己。人一般都认为自己是对的，或简单服从自我的本能——所谓的本能与直觉。但当你试图脱离自我中心的角度，试图从一个旁观者角度来看自己时（自己的行为、自己的原则、自己的本能），你可能就会轻松地发现自己的一些错误，而做出不同的表现，修正自我的原则，改善自己的直觉与本能。当然，人认识你自己是非常困难的，完全认识自我是不可能的。这伴随你我的一生，让我享受这种逐渐的认识……

第二十二节　人的认知基本理论之四：12 年定律

人的认知的每 12 年有着从认知方法，到认知目的的较根本的不同。

这 12 年定律不仅特指 0—12 岁，12—24 岁，更涵盖人一生中任意间隔 12 年的两个时间点，在这两个不同的时间点可能对同一事物有着截然不同的看法；对同一情形下的决策有着甚至相反的决定。

此称，认知的 12 年定律。

一、基本特征描述如下：

1. 0—12 岁，**根本认知时期**。

A. 0—3 岁更是**根本的根本认知期**。在此阶段，人的光、声、热、触、感高速高密度成长；**严格来讲，这 3—4 年一个人的基本可造就的要素已基本成就，是极重要的时期**；

B. 3—6 岁，中级根本认知期；

C. 6—12 岁，细化根本认知期。

2. 12—24 岁，认知的明细化与具体化及得到加强的时期。

表现为，

A. 知识的积累时期；

B. 知识的取舍，好恶的彰显时期；

C. 性格的彰显时期。

3. 24—36 岁，认知的初级应用期。

表现为，

A. 职业的选择，家庭的建立与相对稳定；

B. 这一阶段，职业甚至行业的再选择都是可以理解与接受的；

C. 此阶段的所谓的晚婚晚育也是对于各人各有利弊的。

4. 36—48 岁，认知的高级应用期。

A. 这一阶段，职业的行业的变更成本非常大，可能意味着巨大浪费，甚至错误决定本身；

B. 此阶段，如果家庭变化其伤害也是更加深刻，可能终生无法覆盖，此阶段，晚育也需要特别注意家庭教育调整。

5. 48—60 岁，认知的反馈期。

A. 这一阶段，应避免将财富物质的简单积累作为生活的绝对重心，纯化认知、核心提升与反馈交流应为重心；

此阶段特点是，人仍具一定开拓创新的能力与思想。

6. 60—72 岁，认知的高级反馈期。

此阶段特点是，根本性的开拓创新的能力与思想基本上没有了。

7. 72—84 岁，超过 72 岁，12 年认知规律淡化……

8. 84—96 岁，……

二、认知的 12 年定律是与人的身体物质与生理状况的 12 年规律相呼应的

1. 0—12 岁，身体发育与高速成长期。

A. 代谢水平极高，身体与生理周期幼年特征；

B. 自我身体调节与代偿能力有限并有缺陷。

2. 12—24 岁，稳定成长时期。

A. 身体代谢水平高，但不如前一期，身体与生理周期脱离幼年水平逐渐进入稳定成熟期；

B. 自我身体调节与代偿能力大幅提高，并达到峰值。

3. 24—36 岁，稳定期。

A. 身体代谢水平与周期已开始有所下降，但比较稳定；

B. 自我身体调节与代偿能力处下降通道不如前期。

4. 36—48 岁，初级衰退期。

A. 身体代谢水平与周期明显大幅下降；

B. 自我身体调节与代偿能力有初步的实质性下降。

5. 48—60 岁，中级衰退期。

A. 身体代谢水平与周期在较低水平较稳定；

B. 自我身体调节与代偿能力在较低水平较稳定。

6. 60—72 岁，中高级衰退期。

A. 身体代谢水平与周期有进一步大幅下降的趋势与可能，甚至突然死亡；

B. 自我身体调节与代偿能力在低水平，或有部分终结。

7. 72—84 岁，高级衰退期。

A. 身体代谢水平与周期低水平，甚至死亡；

B. 自我身体调节与代偿能力低，并进一步丧失。

8. 84—96 岁及以后，超低水平期。

84 岁以后，12 年身体规律淡化，身体低水平较稳定，所以民间也有“七十三、八十四，阎王找你商量事”的说法。

备注：

A. 身体代谢水平与周期特点描述：人的昼夜身体多点温差，与心电图、血流图昼夜对比，呼吸频率与节奏昼夜对比；

B. 自我身体调节与代偿能力主要描述：肝胆胰肾代谢器官等的功能与水平。

三、人的认知的周期与人的身体生理周期发展有不匹配的现象，虽然周期时长相近

1. 24 岁以前，身体的成熟某种程度上是超前于认知的成熟速度的，特别是在本期末尾。
2. 24 岁以后，身体的衰退速度更是远高于认知的衰退速度的。
3. 都有 12 年定律的淡化年龄，认知：72，身体：84，身体远较认知难以把握或影响。
4. 注意身体的 12 年变化节点有助于长寿与保持体质。
5. 注意认识的 12 年变化节点有助于工作事业的效率开展与节奏。
6. 认知与身体的 12 年定律，虽有相对起始点，但每间隔 12 年的节点都有实质的不同。
7. 认知与身体的 12 年定律都有相当强的不可逆性，虽然身体的不可逆性更强。
8. 认知与身体的 12 年定律，人的主观意志与行为对其都有一定的影响，但对认知的影响的可能性与丰富程度及多样性都要远大于对身体物质的影响力。

9. 虽然人的认知能力及习惯，与身体的成长与特性都是与先天的遗传与变异因素基础相关，但后天的主动影响也不可小视，后天影响对认知能力与状态的改变更为丰富与巨大。
10. 运动与身体锻炼及饮食是对身体影响的直接因素，因此应和于各人的 12 年规律，选择相应的锻炼与饮食配方是对应调整的方法。
11. 认知的 12 年定律侧面说明不需要所谓“活到老，学到老”的简单负累的生活方式，对于如何学，学什么，学不学都提出了更深刻更具体的细分，即，不同时期的侧重与方法及目的是很不相同的。
12. 认知与身体的 12 年定律对不同人种存在二级特征性差异，或称相对的峰值与波形倾向性差异。

    如，黑人身体体能衰退速度较白黄种人都慢；

    如，黄种人的抗病毒抗细菌与耐药性都较白黑种人群要高；

    如，黄种人的繁殖与自然成活能力可能较白黑种人群要高。

第二十三节　论跳跃思维和逻辑思维的关系

跳跃思维是不依逻辑步骤，直接从问题跳到答案，并再一步推而广之到其他相关的可能的一种思考模式。跳跃性思维就是一种看似杂乱的思维方式，需要丰富的想象力。通常对一种事物的想象突然跳到与此事物不相干的另一事物上了，而且连续这样跳跃想象。直接逻辑不严密。它与逻辑思维是相对立的。通常的表现是说话或者写文章太乱，组织不严密，立意太分散。

跳跃思维的前后两个点看起来没有任何关系，其实也是有着特殊规律的，例如，大脑思维跳跃的每个点的内容都是符合这个人拥有的知识和经验的，跳跃思维不是巫术，一个没有有机化学知识的人不可能用跳跃思维想出一个化合物的合成线路。跳跃思维往往是在用简单逻辑思维推理无解时，经过苦苦思索而突然的灵感启发。

会跳跃思维的人往往也具有很强的逻辑推理能力，但逻辑思维能力很强的人不一定会跳跃思维。

跳跃思维虽然不太受人控制，但还是有一定规律的，例如，空闲悠闲的精神和身体状态；对一个问题的兴趣和高集中度的思考；一个安静的环境。

跳跃思维也可能意味着一个人的思考具有高度的抽象能力，能够习惯看到一些事物的一些抽象深层概念，那么他对于那些与深层抽象概念有所关联的事情发生联想就是很正常的事。其他人觉得跳跃只是没有获得这些深层概念，经过解释自然可以接受。

第二十四节　思维模式与记忆能力和创造力

我们把思维分为逻辑思维和创新思维两种。

逻辑思维的表现形式，是从概念出发，通过分析、比较、判断、推理等形式而得出合乎逻辑的结论。

创新思维则不同，它一般没有固定的程序，其思维方式大多都是直观、联想和灵感等。

逻辑思维的方法，主要是逻辑的比较和分类、分析和综合、抽象和概括、归纳和演绎，而创新思维的方法，主要是一种猜测、想象和顿悟。

逻辑思维一般是单向的思维，总是从概念到判断再到推理，最后得出结论。创新思维的思维方向则是很多的，结果也是多样性的。

逻辑思维是建立在现成的知识和经验基础上的，离开现有的知识和经验，逻辑思维便无法进行。创新思维则是从猜测、想象出发，没有固定的思维方式，虽然也需要知识和经验作为基础，但不完全依赖知识和经验。

思维结果的区别。逻辑思维严格按照逻辑进行，思维的结果是合理的，但可能没有创新性。创新思维活动既然不是按照常规的逻辑进行，其结果可能不合常理，但却可能有创造性的结果。

跳跃思维是创新思维的一个重要形式。

记忆力与思维模式之间有一定规律吗？我们将记忆能力分为两种：强记的能力和联想记忆能力。强记的能力可能更高效但持久性比较敏感，如强记单词不经过一定重复，你过段时间很容易忘掉；联想记忆比较慢相对低效，例如，把单词记在句子里，这样你通过回想这个句子更容易准确记得这个单词，这样记的单词相对能保持时间长。

每个人都具有这两种记忆能力，这两种记忆能力没有简单的优劣之分。

人的综合记忆能力的强弱与思维模式是否符合逻辑是否跳跃似乎是没有直接关联的。但一般说来，跳跃思维的人强记能力不强，但联想记忆能力没问题（如，擅长写诗的人，写诗往往需要很强的想象力、跳跃思维能力），如果这一理论成立，我们可以进一步推论：想象力与强记能力有一定矛盾对立性，这是人脑深层思维机制所决定，所局限的。

跳跃思维是否更意味着特殊的创造力呢？应该是的。跳跃思维的人往往更热衷于思考，综合分析和推理能力也更强，更容易从事哲学科学研究和艺术创作。这也是一种人类社会的自然分工。

第二十五节　思维模式与能力的自我分析

—Mind Power Analysis

下面我们试图通过对我自己，一位测试者的思维能力与模式的案例分析来说明一些问题。

这就是一个**自我再认识**的实验，能帮助你对自己多进行一点抽象的思考与总结，也看看自己对自己的看法与他人对你的看法是否大有出入，例如，你觉得自己是个浪漫主义者，但你的家人朋友却都微笑摇头告诉你说：你是一个典型的现实主义者！

来吧！自己测试一下，重新认识一下自己吧！

项目	我	测试者	读者（您）
1. 联想与跳跃思维高低	高	低	
2. 记忆力低极高	低	极高	
3. 声音与噪音耐受度极低高	极低	高	
4. 光刺激耐受度高极低	高	极低	
5. 创造力/好奇心极高中	极高	中	
6. 演绎与推理的能力极强极强	极强	极强	
7. 演绎与推理的欲望极强极强	极强	极强	

（续表）

项目	我	测试者	读者（您）
8. 工作或思考对环境的不同要求	需要高度安静的环境，如：不能有音乐，不能有走动干扰，而且只能做一件事	可以同时多件事进行，如：看书时，可听音乐	
9. 职业	高度非职业化	高度职业化，专业化，专家	
10. 个性模式	极度乐观主义	极度悲观主义	
11. 价值模式	极度理想主义	现实主义	
12. 价值观	比较的价值观	……	

第二十六节　对思维能力的思考

思维能力随人的年龄是有很大变化的。不同的思维能力变化有着不同规律。

以 12 年定律（见本章第三十一节）所包含的可能性来看：

逻辑推理思维能力与记忆能力的变化并不是同时的。两者都显然不是简单随年龄增长而增长的，进入中年老年显然有一个下降与衰退的过程。逻辑推理与演绎能力的增长晚于记忆力曲线达到峰值，但记忆力的下降早于逻辑推理与演绎能力。一个人的记忆力在幼年与童年时期即达到峰值，早于 12 岁，但在达到峰值后维持 5—10 年即开始清晰下滑，而一个人的逻辑推理和演绎能力则往往要在 15—30 岁才能达到相当高度，其后并非下滑而是依旧有上升的可能与趋势，但在进入老龄期，或肉体出现严重机理问题时急速下滑。想象力与跳跃思维能力在童年与中年变化不大，老年有所降低，但依然比逻辑与演绎能力降低速度慢。

思维能力的大小受很多因素影响。

首先，身体状况影响思维能力。例如，你很疲劳；例如，你生病了。

其次，精神状况影响思维能力。你情绪激动影响思考；你狂喜或悲伤时跟你平静时的思考能力也很不同。

再次，外部因素影响思维能力。太吵了很难思考；太亮了影响思考；太冷和太热也都影响思考。

最后，人的思维能力一定程度上是可以受到人自我调控的，你碰到危险往往本能的大脑会高度运转思考，你在有些时候想特别集中精力肯定是有一定效果的，这也是一种能力。

思维能力是人的核心能力，但动物都有逻辑思维和判断的能力，也具备一定的学习能力，例如，我们常说一只狗一只猫很通人性，很聪明！人的思维能力比动物要强大很多。逻辑思维与记忆能力不构成人性的根本要素，想象力与跳跃思维才是人性的根本要素，有了想象力与跳跃思维人才有了巨大的创造力，才拥有了高度的学习能力。

现在的计算机已经可以进行太多的**逻辑运算**，**记忆能力**远远超过人，但一旦计算机能够拥有**想象**力，能够进行**核心思考**，那么计算机就具有了可怕的**学习能力**和**创造力**，它就成了一种可怕的**人工智能**，具有了**人性的根本要素**，并可以很容易控制人类或者取代人类！**如果我们的思维能力会成为人工智能的十分之一，人类在人工智能的眼里只是一只猫或狗了**。

第二十七节　精尽则智伤

人的思维能力是需要保护的，即，用脑健康。

年轻时候时常熬夜，就有可能让你中年就神经衰弱，睡眠不好，甚至引发更严重的精神性问题，因为年轻时大脑能力弹性很高，人的精力弹性很高。

思维能力是消耗大量能量的！这种能量不是简单物理概念中的能量，更应该是指精力。人的精力如果透支或者短时间大量消耗，那么人的思维能力一定大受影响，变得迟钝或者错误百出。

人的精力包含体力和脑力。体力和脑力的输出都是有限度的，输出效率每个人都有限度，超出一定限度就会损伤思维能力，甚至伤及神经系统。一个平常再思维敏捷的人，一旦运动过度，劳累过度，或者几天没睡，那么他的脑袋就不好用了，体能透支了。所以再健康有益的运动一旦过量就会伤及身体以及思考能力，而且像网球足球等激烈对抗运动都会使人特别兴奋，分泌过多多巴胺，让人感受不到疲劳，所以，运动的人要特别注意控制运动的时间与强度。

一个人如果长时间高度注意力集中，大脑高速运转就需要休息，大脑疲劳是必然的，过度疲劳就会伤及以后的思考能力甚至导致精神疾病。有一种说法是：**脑子越用越活**？**这是完全错误的！**大脑的思维能力不是无限的，而是相当有限的，大脑需要充分的时间休息，思维也有基本的健康习惯，过度重复容易使大脑疲劳；思考的问题过于混乱缺乏系统性对大脑能力要求极高，脑力消耗大。

中医对调养人的精力很有研究，指出平衡阴阳，协调运行，休息才能高效思考，思考也需要休息间歇。体力与脑力的平衡支出，变换结合。不要单一思维风格太久，而要注意不同风格的变化，让大脑思考得以变化和丰富，例如，你写文章太久可以打打电话。变化不同的用脑模式，例如，长时间用电脑后，你可以听音乐，与朋友交谈来让头脑放松；如果长时间开会听报告，你可以去画画，或散步来放松。

注意用脑健康你才会让你更充分的享有高效的思维能力。工作不要一味太高强度，所谓的太热情，太有事业心责任心，事业心太强也可能导致厌恶工作，要学会注意充分休息、休假、娱乐，放松自己。生活要有充分的闲适时间，每天的日程不要安排得太多或太满，哪怕是娱乐内容太紧凑都是不利身心的。

精力就是生命的力量，精力耗尽人就没有智力了，更不要谈智慧了。

第二十八节　沟通的艺术之一：换位思考

每个人都有跟他人沟通的需要。

人跟人沟通的方法包括大家比较熟悉的语言（谈话和倾听）和文字（看书和写信），还有大家不太熟悉的身体语言和心灵沟通。

不同文化语言不同文字不同，语言与文字反映了一种文化的很大一部分，因为人们是用语言进行基本沟通的。语言和文字帮助人简洁准确的描述了一个意思，准确到大家基本都明白而且不会搞错，例如，中文**“坦克”**这个词的意思很清楚，但这个词在1918年以前中国是没有的，这个词在那以前没有任何意义。在大众正式拥有坦克这个外来词以前，人们只能用“能打炮打枪的移动钢铁堡垒”来描述它。

语言和文字还帮助人们可以更方便地交换存储信息，直到近代，人讲的话的声音是无法保留的，只有写信和文字能被人记录下来，留存千年。

语言和文字也是人进行教育和学习的主要方式。

人打电话交谈绝没有当面谈话丰富准确，这就是因为当面谈话包含了语音语气表情的众多的身体语言，传递的信息量要比电话交谈大很多。

心灵沟通和共鸣对人的影响比语言更深，往往终生难忘，有时会深刻地改变一个人。

增强人的沟通能力可以通过增加谈话的频率来提高，跟陌生人沟通要学会拉近距离，给对方安全感，如果对方跟你说话都没有安全感，他不可能跟你很好交流的。

心理学上，增强人沟通能力有一些特别的方法，方法之一就是学会换位思考。

换位思考可以使你易于了解他人，理解他人，而不是局限于你个人的立场或公认的常规情况。

例如，走路的人与驾驶员很容易相互不理解或抱怨。走路的行人很容易讨厌开小汽车的人，因为汽车让行人过街变得很麻烦也很危险；驾车的人也很讨厌行人，因为行人让开车变得很复杂很危险，汽车要为行人让道，要等行人过街，更有人随意穿越街道。实际上，如果驾驶员与行人认真地换位思考一下，就很容易理解对方了，行人就不会随意穿越街道，驾驶员也会对行人更有耐心。换位思考让一些看似无法调和的矛盾容易调解多了。

例如，母亲对孩子的爱：孩子想要的都尽量满足，也不管是否合适。如果换个角度看待这种爱，孩子的要求都被轻松满足，不能处理挫折独立处理很多事情，那么孩子成人以后可能就比较幼稚缺乏担当，在艰苦的条件下可能不知所措。这个时候他回忆母亲对自己的这种爱可能就不那么感激，觉得太过溺爱了，如果当初母亲也能换换角度去思考如何培养孩子，那么她可能就不会把什么都满足孩子作为母亲的爱了。

例如，老板和员工之间往往又很难理解对方，员工拿工资做自己的工作，可能已经很尽力了，但老板似乎总是很不满意，看到有的员工玩游戏或不够努力。员工眼里老板好像很轻松，自由度很高，但他就很难想到老板要运作公司有很大压力，要能站在更高角度处理复杂问题。

例如，你在抱怨一个低水平新手的错误和蠢笨的时候，如果想想另一个比你水平更高的人对你的不懈，那你就容易对新手更加包容了——大家都是逐渐成熟的。

当一个财富百万的人认为成为千万富翁就可以给自己带来幸福快乐，没有了痛苦，那他可以看看那些现在的千万富翁是否认为自己只有快乐而没有痛苦。换位思考很容易让人走出错误的判断。

换位思考的能力需要通过训练来加强，比如遇到尖锐矛盾的时候不要一味坚持自己是对的，也要认真站在对方角度想想，再在听对方解释，然后再看看怎样做更妥当。要学会克制自己的任性，同时也要学会让不同意见抒发出来，接受一下他人的任性，听听他的意见是否有理，等他激动的情绪平和以后再去交流讨论，这样人也能自愿的理性的做到更包容，避免激化矛盾，或者自己犯错。

要训练自己能看到一件不好的事情的好的一面，把这养成一种习惯。

例如，夫妻激烈争吵，往往双方都各不相让，但如果一方换个角度想想，吵下去只会更加伤害双方，那他就不会吵了。如果再换个角度想想，争吵说明对方很在意自己，如果真的不在意了她可能根本都不会跟你吵了，这样他就能看到争吵这件事的另一面，好的一面，然后停止争吵，而不会继续加剧争吵恶化关系。

例如，人不愿意遇到挫折，不愿意痛苦，但换个角度你可能就更容易接受这些了：这次挫折让你学会了东西得以改正了。你痛苦让你冷静思考了，去找到了问题所在，没有让自己的错误进一步恶化，让自己成长了。

例如，你要想做大事做非常有意义的事情，你就要准备面对长期的艰难，甚至最终完全失败；你就要准备面对周围的人的不解与耻笑，甚至这些不解与耻笑是来自亲人。

第二十九节　沟通的艺术之二：讶异原则

人的沟通需要注意力的集中，而人的注意力只有在一些特殊情况下才会特别集中，比如一些高度意外的情形或与自己预期迥异的情形，学会造成对方某种程度、某种模式的惊讶是沟通的一个方法，简称讶异原则。这个原则在教育学与人际交流中可以有特别的应用。

比如教学中你不是一直讲解灌输陈述让学生昏昏欲睡，你偶尔提问就增加了学生的惊讶度注意力，你偶尔把讲堂移到户外，在植物园讲解植物，学生们的惊讶度就提高了。

比如辩论中的反证法，两个人一直激烈地争论，一直都坚持自己对，可能很难达成共识，如果一方突然同意对方的观点，肯定让对方暗自惊讶不已，容易冷静下来，你再按照对方的论点举个恰当的例子，通过几步推理来说明这个观点的问题，那就可能更容易沟通好了。

一个人一贯穿衣正统，给人印象古板难以接近，如果他有时能衣着休闲言谈活泼，一定能使大家眼前一亮。

新闻节目特别受人欢迎就是他是个让人惊讶的节目，如何将一个内容播出得更加让听众惊讶是编辑节目的要素之一。

你总是同意赴一个朋友的邀约，这个朋友一定习惯了，如果他有什么问题而你又不便主动指出，你可以通过突然连续不接受邀请而让他意识到自己有了什么问题，通过惊讶吸引注意力。

魔术让人觉得很有意思，就是人在表演一些完全违背常识的事，让人惊讶。

惊讶增强了人的好奇心，集中了人的注意力。惊讶导致思考。

第三十节　沟通的艺术之三：自我再认识

要想跟别人更好地沟通，能够更充分的了解自己是很重要的。

跟自己沟通很重要，认清自己的真实自我和主要的目的。例如思考自己的人生价值，考虑清楚了你才能决定哪些事情对你更重要，哪些事情对你毫无意义。这样你在与别人谈话时才能表达清楚，令自己满意，而不是凭着本能，凭着习惯说，过段时间才发现那些完全不是自己的本意。自己都没有理解清楚自己。这种情况不是不存在，而是经常发生，人认清自己是困难的，往往伴随一生。

自我再认识的方法可以**跳出自我来观察自己**，思考自己的行为。

自我再认识的具体形式可以通过**沉思**，可以反省自我做的错事，也可以通过朋友交谈、看书，也可以在安静的森林中、湖边漫步。

跟自己沟通清楚才能跟别人表达清楚，如果你想买一辆车你没意识到你对车子的动力要求很高，在买车时只是跟汽车销售员强调车子的颜色、价格、油耗和安全气囊，那么等你买回汽车，你可能很不满意，因为汽车动力比较低。

自我再认识之所以重要是因为人往往都觉得已经充分了解自己了，但其实，人的行为更多是习惯和本能所决定的。大多数情形你根本没有左思右想的时间，而且老是理性思考也是很累很违背人性的事，你只能适时自我反思认清自我，调整自己的本能和习惯，从而提高自己的沟通能力。

人认清真实的自己是一件很困难的事，认识自我会伴随每个人的一生！人在年轻时知识有限视野有限。人在 30—50 岁的时候，又容易形成很多本能习惯，并认为这些都已经相当成熟完备了。50—80 岁时，大多数人又容易消极或因为身体原因忘却自己的主旨。

人性中也有进行自我沟通的需要，缺乏自我交流很容易让自己迷失。

当然人不可能绝对理性，绝对完美是不存在的，人的自我再认识也不需要太过分。

第三十一节 沟通的艺术之四：表现的欲望与能力

人都有沟通交流和自我表现的本能，同时人也有包裹自我保护自我的本能。

表现自我往往需要相当的勇气，表现本身也需要相当的技巧才能表现得充分而准确，而不被误解。表现自我其实体现了希望改变和被改变的强烈欲望以及与陌生人或异类交流的欲望。

尊重自己的这些表现的欲望，适当加强自我表现的能力是对沟通很重要的。而不应该认为自我表现是个不好的习惯，而忽视自我表现能力的培养。

例如中国古代就要求妻子裹小脚，认为妻子行动不便不太与外界交流是一种美德，是一种家庭的支柱。

例如中国普遍认为含蓄是一种美德，以至于人们的自我表达能力低于欧美国家人群，社会交流水平低于欧美。

古希腊就有用自己肌肉展现力量的习惯，所以才会有那样生动的雕塑，才会那样的重视体育锻炼。西方社会才会细分出那么多样的运动竞技项目，包括健美。

西方文化强调表现欲望与能力也造成他们那样重视演说、俱乐部、舞会等社交沟通，这些与我们形成鲜明对比。

自我表达就要习惯敞开自己，而不是封闭自己。信任他人，才能获得他人信任，才能与他人很好的交流。自我表现要尽量得当或者适度，这需要有意识的训练，多与人交流，与不同的人交流。交流中能自然地真情流露是一种能力，避免紧张和不必要的不安全感。

第三十二节 对教育学的思考

教育学是如此的复杂与充满魅力，你越思考，越研究它，就越会为它的魅力所痴迷，就像人类对科学和未知的探索本身一样充满意义。

对于一个老师来说，怎么样才能教得更好？对于一个特定的学生来说，怎么样才能学得更有效率，学更有意义的东西？这些我虽然在本章已经做了许多探讨，但显然是远远不够的，每个人都太丰富与完美了，真正适合自己的一定需要自己的思考和努力。

教育学正是人类自我提升能力的理性方式。教育学的发展也需要有一定弹性，也需要接受一定限度，而不可盲目追求效率与大量，留有空间对教学双方都是有好处的。

学习中的思考有两种方式：理性思考和直觉。

一般情况下我们都是理性地做逻辑推理与分析从而得出结论，这是普遍接受的。然而另一种思考方式是直觉，即，简单没有理由的由思考就直接给出结论。这种思考方式听起来完全错误，但实际上每一个人都会有凭借直觉进行思考的时候，只不过直觉给出结论我们就分为真理被认为是迷信，而直觉给出结论我们再去想办法验证，这就是科学。实际上许多实质的科学研究都是通过验证而达到的，不是简单推理出来的。直觉也是人脑的一种正常能力，虽然我们现在科学还无从对此予以解释。

教育学一直存在博学和专一的矛盾。

人的意志和好奇心会对所有的未知感兴趣，如果一个人对一个领域钻研过深可能会让他局限于这一领域，或者至少会阻碍他对更多的领域的学习和了解。

人的精力是有限的，现代知识意识与科学领域细分已经非常细致和专业，知识量庞大，人文宗教、自然科学工程学、经济学、心理学、医药学、哲学，人们在学习中始终面临博学和专一的矛盾。

我自已就是一个极端的例子，我在大学阶段一开始热衷于理论物理基本粒子研究，后来接触了艺术与哲学，随后是二战历史与军事，又进行了经济学的学习，对人的研究与自我的研究一直吸引着我，本能告诉我没有深入任何一个传统专业，成为一个典型的专家，也没有专注于生意挣钱成为一个简单的生意人，听从自我本能的指引，服从心底的声音。

博学往往更自由有趣，但专一的专业工作往往更实际与贴近生活。

第三十三节　一道思维逻辑的测试难题

12 个球： 有 12 个外观看起来一模一样的小钢球，只有其中一只球重量稍有不同，也不知道它是轻还是重。请问只用一只天平做工具，最少只称几次，您就一定能找出这只球，而且还能知道它是更轻还是更重？请给出称量方法。

第四章　人类行为及价值取向

Human behavior, psychology, philosophy and human values

第一节　人的价值观

价值观是人看待自身、自身行为与周围一切事物的价值的基本观点。包括，对基本的好与坏的认识；对有价值的大事与没价值的琐事的认识；对自己一生根本目标的认识。一个人的价值观是随着每个人的成长而逐渐形成，并逐步完善起来的。

人的价值的认知方式有两种不同的基本类型：**比较的价值认知方式和绝对的价值认知方式**。

比较的价值认知方式认为价值是通过比较得来，不同时代的同一客体价值不同。认为价值更是一种虚无的心理上的主观感觉，而不是真实客观存在的恒定的东西。

绝对的价值认知方式则认为价值是根据自身而客观的量化存在的，不同时代的同一客体价值相同。价值是恒定真实的客观的。

举例如下，

假设秦朝与今天的中国都是由一千个一样的县构成的，那么秦朝一个县官与今天的一个县官，他们的幸福指数是一样的吗？

比较的价值认知方式：这两个县官的幸福指数是一样的，因为他们都是千分之一；

绝对的价值认知方式：今天的县官要幸福得多，因为今天有冰箱、空调、汽车、互联网、飞机。

人的这两种不同类型的价值认知方式对人整体的价值观的形成，对人的个性与性格形成都有深刻的影响作用。

当然，这两种价值观的类型没有简单的对错，虽然对于个人往往只会理性上主观地倾向于其中一种，但感性上客观上两种都会起作用，只是作用程度因人而异，不同的人可能倾向相当不同。

如何获得更正确的价值观呢？

逻辑是比较的基础。通过逻辑性的思维进行思考，才能正确地进行比较，获得正确的价值观。要超越简单比较获得价值观，更真实的价值观是要通过更宏观的、更历史的比较才能得出。

每个人具体的价值观都会很大程度受到环境的影响，具有时代烙印，通过学习与思考才能使一个人获得更加客观更加丰富的价值观。

人的价值观形成也有一些基本规律。人的本性有自我实现的需要，所以，**对完美的追求是人的一种高贵的本能**，虽然数学家把解决更多难题理解为追求完美，歌手把更能打动听众作为追求完美；商人把挣更多的钱作为追求完美，窃贼把盗取更多钱财作为追求完美……

人对完美，对终极真理有一种追求的本能。这种高贵的本能，超越种族、文化、历史、政治、宗教；这种本能在人类历史上创造着进步和文明，包括科学技术上的，像哥白尼否定地心学说，爱迪生一个人发明电灯。也包括人文政治上的，例如二次大战中众多国家对纳粹行为的一致反对，对种族灭绝政策的抵抗。

我们认为人性中**叛逆的本能**客观上造就了人对完美的追求，是追求完美成为人性重要的一部分。例如，人们总是对权威试图进行否定，这样才产生新的权威；人们总是从现有科学理论中找出缺陷，这样才形成新的理论或全新的解释。

人对完美的追求从另一角度来看就是人性中期望实现自我价值，对自我价值有很高的期望，人性中高度自尊的本能。

第二节　人的行为

人的行为指人的行动与作为，广义的行为，包含行动、思想、言论等等，包括人能够对外界产生影响的一切方式。

人的行为是由人的意志指挥人的身体来进行的。

理论上，影响人的行为的两个内在因素是：人的价值观与人的性格。

人的价值观与性格都受到先天和后天因素的影响逐渐形成和成熟的，价值观与性格虽然有一定联系，但也有完全独立没有关联的成分。就像我们会说一个浪漫主义者与一个现实主义者性格差异很大，但价值观基本相同。

性格的基本类型更多是由于人的先天要素决定的。性格是在人的性格类型基础上后天逐渐形成的，更为丰富与变化的人的行为和思考的特点。

价值观是人在先天和后天因素影响下逐渐形成的，人看待自身，自身行为，与周围一切事物的价值的基本观点。人的价值观是相对稳定的。价值观是影响人的行为的一个重要因素，潜在地影响着人们的决定的，尤其是一些重大决定。

人的行为是直接由本能和思考两个因素造成的。紧急情况下由于没有时间，所以往往本能更起作用；一般情况下，人们是思考加本能再行动的，虽然人们往往会意识不到本能的作用。

除了价值观和性格意外，影响人的思考的因素还有很多，例如，年龄、性别、教育、文化、外部因素，等等，我们在本章后会做一些具体的讨论。

第三节　人的性格类型

正如人的价值认知方式分为“**比较的**”和“**绝对的**”两种相对的方式一样，人的性格也有一些相对的典型类型。

命令型，服从型

命令型比较主观强势，本能地习惯什么都按照他的来，不管你怎么看，不管你愿意与否，他习惯于让你服从，虽然他不一定对。这类人更适合当领导。优点是命令本身产生效率，但缺点是如果老是错误命令又被认真执行就会导致严重错误，甚至独裁。

服从型，服从也是某种脱离主观意志的本能，其实有基因上的遗传因素，有服从基因的人更有团队意识。

有趣的是人文学者认为高度的命令型性格与高度的服从型性格是

特定人文人种同时存在的，是伴生的相互依存的，他们把德国人群作为例子。

付出型，获得型

付出型，例如女性中有许多我们定义为慈母的性格就是习惯于付出，这种付出是本能上的，不只是主观上的付出。其实这一类型不是只属于女性，在男性中一样存在，也许比例稍低。

获得型，就是本能习惯于获得，就如我们讨论血型时有种说法认为AB型血是习惯于获得，O型血是习惯于付出的。

理想主义（浪漫主义），保守主义（现实主义）

浪漫主义听起来很好，但会经常不切实际；现实主义听起来不好，但却有效真实有益。

浪漫主义倾向于激进与理想化；现实主义倾向于保守。

其实他们只是两个相对的概念，完全没有简单的好坏对错的区别，需要看具体情况而定。

乐观主义，悲观主义

乐观主义者虽然容易给生活带来更多快乐阳光的元素，但乐观的态度却可能会轻易地导致犯下很大错误；悲观主义听起来不受欢迎，但悲观的态度角度更会防患于未然，避免错误。

理性，感性

理性更倾向于思考，感性更倾向于本能直觉。理性会有助于正确的选择，但却有可能浪费太多时间，或者让生活变得索然无味；感性简单省事但可能错误概率更大。可以想象如果夫妻两个人都非常理性，那生活可能过于严谨缺乏生气；如果两人都过于感性，可能生活又太过活跃，甚至凌乱到一团糟。

简约主义，消费主义

简约主义习惯于简单的必须型消费，拒绝奢侈品，听起来很好，但也会影响效率，带来浪费。例如，你只买一个简单刚好用的电脑虽然省钱便宜，但你可能只过了一年就得换电脑了，因为你的简单电脑很快就太慢不好用了，如果你当时买了个很高级的电脑，虽然贵了50%的价格，但你能用2—3年，这样看你的简约却造成了浪费呢！

消费主义喜欢多买，自然容易造成浪费。两者过度显然都不适合。

做大事，做小事

有些人更倾向于做“大事”，有些人更倾向于做“小事”，其实也是人类的自然分工，并无太多对错可言，本来天赋机会好的人更有责任为社会做贡献，如果机遇才能不合适一味贪大，只会被定性为好大喜空。

做大事，就要准备接受艰难与漫长的过程，准备做出特别的努力，同时还要能接受周围朋友亲人的不解与耻笑，也要准备接受自己最终一事无成，很高的失败概率。做大事有很高的风险，往往浪漫主义者才会选择。

做小事，听起来贬义，但生活中大量重要的事情其实都是由小事组成的，而且没有做小事的人也不可能成就所谓做大事的人。现实主义者更会保守地选择做所谓的小事，或者不激进的事。

综上所述，我们可以看到，这些相对的性格类型其实都没有绝对意义上的哪种更好，只是一个相对的概念，任何一种过度的倾向都是不好的危险的，主观的调控与变通能力非常重要。当然这里指的这些**性格类型**更强调是由于每个人的本能上的基因上的，而不是由价值观或道德上更主观导致的。人的完整性格是人在自我性格类型基础上受后天影响（家庭、教育、生活等）所逐步形成的。

我们每个人的性格类型都是有一定偏向的，虽然在不同年龄段可能有所变化，其他特殊的因素影响也可能发生改变，但性格类型是相对稳定的。我们深入了解这些性格类型的特性对于我们每个人都会很有意义。例如会有助于我们认识自我；更容易理解不同性格的朋友，更会与他们交往；更懂得如何恋爱；更善于处理家庭关系。（我们认为过度相似的性格不利于建立长久的稳定的家庭关系。详见第五章第一节《婚姻的理论》）

第四节　灵感，荣誉感与创造力

—Inspiration，honor，creation

灵感，荣誉感与创造力，这是三位一体的东西。一个人被认为拥有极强的创造力，往往这个人能比其他人更多地得到一些灵感。一个人有极强的荣誉感，他面对难题更会坚持不懈，而不会像一般人那样轻易放弃，他也更有机会实现所谓创造，或被别人认为创造力很强。有极强的创造力的人也容易获得赞誉，形成很高的荣誉感。

一般认为灵感是人不懈努力之后，不经意间产生的不可思议的思想火花，它不是经过理性的逻辑思考就可以得到的。真正艰难的创造，对看似无法解决的问题的解决往往总是通过灵感获得答案的，而没有荣誉感的人，期望投机取巧的人总是与灵感无缘……

我们特别强调的是**不懈努力**不是灵感的唯一契机，**闲暇甚至**

无所事事（抽象讲就是自然的多元化生活）也是制造创造冲动引发灵感的重要因素，可能是它提供给人更多的脑力，更多的思维活跃能力。如果过分专注于一个难题，很容易导致人的思维狭隘甚至僵死，有时候离开这个难题干些无关的事情反而会突然得到答案。

当然人的肉体身体是灵感荣誉感与创造力这三者的基础。思考感知和行动都是以人的身体为基础，为载体的。假设霍金脑供血严重不足昏迷，那么他是无法继续鲜活地思考的……

不同的人创造力迥异，对荣誉感的认识也因价值观不同而千差万别。

如果我们这里把人的创造力看作人性的核心价值所在，那么如何获得灵感就显得异常重要，我们上面对获得灵感的思考就显得特别有意义：不懈努力＋必要的空闲闲暇……

第五节　简单而素雅的生活

—A simple life

多年以来，在我内心深处，其实深深期望，我能生活得平静而优雅，远离城市的喧嚣，远离污浊的空气和拥挤的人群。就像佛教强调静修，基督教堂总是安静肃穆，图书馆严禁大声喧哗，思考需要宁静与不被打扰，思考更是人内心世界的交流与幻化，语言与肉体行动只是我们意识的一个载体，思考具有相对于物质的独立性。

紧张的生活节奏不仅折磨我们的身体，更摧残着我们的心灵，喧嚣的噪音让我们疲惫，失去思考的活力。自然清新的空气不仅浸润了我们的呼吸，也使我们的思维更加轻松活跃；安静的环境与悠闲的生活状态不仅放松我们的身体，更让我们更能清晰地思考。

平静、简单而素雅的生活难道不是每个人想要的吗？

想一想，其实奢侈过分的物质要求和对名望的热衷一直都是我们每个人的敌人，是真实生活的误区！过多的钱财能带给你什么？往往只是价值的误区，或者更多的烦恼！财富过多集中于你，那么一定意味着许多人没有基本的收入。当然，如果你善于用这些钱来为大家做公益或者慈善就很好。劳斯莱斯豪华轿车比普桑更能带给你什么？艳羡的目光，也容易被抢劫暗杀！一个人财富一百倍于另一个人时，这个人往往会认为自己比那个人成功一百倍？其实完全不是这样的。他也被其他人看作幸福一百倍，其实完全不是这样的。

再谈一下过快的生活节奏。一个人忙碌不停，他肯定比另一个人更有效率更成功吗？答案显然不是。一个人过分忙碌，超过一定临界点效率会很低，做事会很机械缺乏分别能力，缺乏目的性。许多人回顾自己的昨天都有深深的遗憾：当年我怎么会那样做?！为了那样微不足道的事情耗费大量时光！如果可以重来我一定更优秀。过快的节奏让人迷失自我，容易陷于事务性工作。

太多人都简单地为了更多的钱，更大的房子，更大的权力，更好的名誉在生活，把这些当作自我的人生价值本身，但这显然不应该是一般人的主要追求，除非他是拜金主义，一种具体的拜物教，也就是迷失自我，否定自我。假设今天是世界的最后一天，那么你一定能够忘记对物质的简单追求，不要让我们在垂暮之年而懊悔将青春和主要精力都投入在了一些简单的物质追求上。

如果人有一些精神追求，期望某种自我实现与创造，那么日常物质生活能有一种简单而素雅的日常生活就非常非常好了，更让我们脱离过分物欲的干扰，集中精力去完成使命或享受自我。

第六节　起码的自尊感与耻辱感

——评动画片《象棋王》　2008年5月7日夜

昨天晚上好像看到孩子在看一个日本动画片，起初没有在意，然而一瞥之间竟然看到日本小学教室里竟然写了一句名言：***为中华崛起而读书***，顿生疑惑，我想日本教室里有中国字毫不稀奇，但写了这样一句话好像很有所指的样子，好像教育胸襟非一般的博大噢！好像有点不可能！于是就追问孩子这动画片是日本的还是中国的！

动画片《象棋王》是中国创作的！但其中的人物发型、色彩、构图、称谓、编排形式，几乎与《数码宝贝》毫无二致！与其说是模仿，不如说是抄袭！因为除了加了一点象棋的情节与日本的宝贝系列动画片毫无二致！想想美国拍的电影《变形金刚》至少名称讲明是模仿日本原创，加以演绎，可这个《象棋王》居然人物发型、色彩、形态都几乎完全照搬，毫无自主特点、特色，让我觉得中国的动漫创作者实在该引以为耻辱，任何一个有自尊的中国人看到这样的中国动画片都会难以自禁地感到巨大的侮辱，难道如今我们中国人的创造力就低能到这个地步了吗？

承认别人有先进的地方，这没有什么可羞耻的，可认为自己永远赶不上别人了那才是最大的耻辱！这样的抄袭好像就是对全世界在讲：中国人根本不会创作自己的动画片！

后来，美国有个《成长的烦恼》，哎，宋丹丹演的《家有儿女》就是对《成长的烦恼》的另一种演绎，另一种中国版的诠释，很有感染力，很有魅力，很有教育性，也可以说**极具创造力**，所以许多孩子都很喜欢，家长也非常喜欢！可以说老幼皆宜!!!

但这部《象棋王》这么照搬抄袭式的生硬拷贝，不能不让人感到无尽的耻辱和丧尽自尊，绝对与中国人的光荣与梦想相背离，与中国社会创新需求相背离！这种片子不该拿来给孩子看!!!

中国需要的是更有创新创造力的下一代，让孩子们看这样的片子只会无形中深刻地**削弱中国人的创造力和基本的自尊**，从而**严重妨碍中国人真正的光荣与梦想！**

第七节 无偿付出

您能平静地给予他人，心中并不期待得到什么回报吗？你可能会自信地说：我能！但真的能纯净地做到无偿付出是很难的事，人们很少能做到。你给一个乞讨者十元钱，你不求他回报，但其实你在有意无意之间获得一种超越于人的满足。父母给予孩子的爱可以说是最纯净了，但许多父母也在有意无意之间要求孩子的某种回馈——孝道。无偿付出才是纯净的爱。如果付出是有条件的，给予是期待回报的，那至少听起来更像是在做一个交易。

物质上的付出与精神上的付出有着不同的规律。物质上的付出，你会在物质上确实减少掉，但精神上的付出，你不会少掉什么，往往会给他人以爱，自己同时更具有爱的能力，也会意想不到的被他人回馈以爱。

其实，自然法则自有平衡之道。您能做到无偿付出，给予他人同时丝毫没有期望得到回报，但您得到了平常心，自我认可，他人的认可，等等，这就是“舍”与“得”之间自然而然的转换关系吧。

其实，无偿付出是人的本性之一，人们都有无偿付出的本能，也有接受无偿付出的需要。就像母亲对孩子的付出，孩子对母亲的依赖和长大以后与母亲的特殊情愫。

我以前的生活圈子也就是同事同学亲戚，对社交没什么热情，我认为中国人之间戒备心理太强充满敌意，中国的社交没有意思，都功利性太强。但是，我打网球了以后这一观点有了巨大改变：打网球让我结交了一大群人，他们男女都有，各个年龄段各个行业都有，酒店的、银行的、外企的、公职人员、航空业者、影视新闻工作者、企业家，我非常惊讶地发现大家在一起特别轻松愉快，相互也能非常友善，戒备心很低，许多人很热衷于掏钱请大家打球，帮大家做事组织比赛，甚至请大家吃饭，明显不含任何目的！我非常惊讶，想来想去才明白，大家无偿付出自己是快乐的，得到的人也是快乐的。打球的朋友在一起，没有利益关系，不需要交易，大家更喜欢无偿的付出。

社交活动中充分包含着付出与获得的关系。相反，功利性的社交往往都比较累，参与的人也比较的被动。因为人们在做交易，人的本性有对交易的排斥。

现代社会高度强化了交易性，强调所谓市场经济，其实也就有了反人性的一面，或对人性中欲望的过度强化。市场机制虽然提高了社会分工社会效率，但过分强化这种分工就会过度强化人性中对物质欲望的追求，**淡化甚至否定人类无偿付出的本能**，从而加剧了人与人之间的物质与精神的矛盾。从这一点来看，市场经济显然是有其缺点的。

第八节　专利与利益保护

无意中看了一位教授发在自己博客上的严肃声明，他严厉谴责了美日科学家窃取他研究成果的行为，更说是在捍卫中国学者的创新能力！我很感慨，什么时候基础研究与技术研究都把经济利益当作了核心？科学工作者们都在忙碌于申请各种专利，因为专利才能让他们的研究成果变成金钱。

一个聪明的受到良好教育的人可以成为科学家，研究而取得成果。但智者如牛顿只会告诉大家，那些成果只是上天借他之手而带给整个人类的，那些成果绝不属于他个人！

对专利的正面说法是：它是用来尊重和保护研究成果的。但专利对研究成果的应用也产生了很高的壁垒，高额的专利使用费妨碍了科学对大众的实际服务。有了专利，许多研究部分称为保密部分，学者间的学术交流被打上浓重的防范色彩，学者们也将太多精力放在了经济利益上，学术深入交流出现障碍，也使其他学者对这一领域进行下一步的研究变得异常困难。

自从有了专利，纯粹的科学家越来越少了。不否认科学家为了研究成果付出了极大的心血和艰辛的努力，因此他们应该得到相应的回报。知识产权法保护了脑力劳动者的合法利益，但也会带来一些问题。如果是 IT 之类的专利还好说，对于生命科学，对现有研究成果过于严密的保护，我个人认为非常不妥。听说现在只要是排列出了一个基因序列，都可以申请专利，以后只要别人生病了要用这个基因，都要付钱的。什么时候，生命也成了一种商品？前一阵印度一家制药公司因为向非洲提供廉价的抗艾滋病药物制剂而受到西方药厂的专利诉讼，印度公司得到国际上大量人权人士的支持和同情，很简单那家印度公司是侵犯了专利，但印度公司挽救了几十万非洲人的生命；西方药厂的昂贵艾滋病药物只能让用不起这些药物的非洲病人痛苦无望地死去！专利成为特殊群体利益保护的工具。因此有人认为知识产权法是为保护强势群体的利益而生的。

人的欲望是无穷的，科学家也是人，能够克制自己欲望，真正以推动科学进步、造福人类为目标的科学家才是纯粹的，才能够拥有更多创新的能力。居里夫人发现了镭元素，并发现了它的放射性对于治疗肿瘤有一定作用，当时很多人都劝她去申请专利变成百万富翁，但她没有，她坚决地放弃了，因为她认为不能为了个人财富而谋夺全人类的福祉。在我眼里，她永远都比爱迪生伟大。

因为专业的缘故，我接触过一些中国的科学家，有一些令人敬佩，但也有一些令人失望。有一位张教授，他的导师是诺贝尔医学奖获得者，他本人在《科学》杂志上发表过很多重量级的文章，他谢绝了导师的挽留，坚决地回国。他是博导级别，但仍坚持为本科生上课，原因在于他认为这些孩子决定着中国生命科学的未来。对于他学术上的成果，我不太了解，但上过他的课，感觉到他是一个视科学为生命的人。还有一位骆教授，求学背景和学术地位跟这位张教授差不多，但回国之后，却把主要的精力放在了仕途上。我还认识一位上海的教授，他也是从 MIT 重量级的美国名校学成归国的，由于在做生物光量子的研究，就自己开了一家激光美容公司，投入大量精力，虽然每年赚了很多钱，但在学术上的研究都从基础型转成了实用性。

越是核心的基础性的实质性的研究必须依靠那些能够忘却经济利

益的人，享受研究工作的本身，才能进行那些跨越时空的思考，取得突破性进展。以金钱为目的的研究即使拥有庞大的队伍，往往也只能够做些系统性的应用，一些敲敲打打的修饰性的研究。

科学研究应该更强调对社会对大众的无偿付出，对人类对自然的爱，而不应该用专利来进行一种利益保护。

第九节　爱你自己

爱自己和自私是完全不一样的意思。**自我中心**（egoist）是个外来词，中国文化里也往往把自我中心当作自私，中国把纯粹的大爱简单与舍身忘我直接联系起来，也许是受佛教的影响吧。其实，学会很好的爱你自己是非常重要的事，因为对我们自身的严重伤害，往往最终来自于我们自己的行为和想法。

小的时候，我根本不知道什么叫爱自己，觉得爱自己是种虚荣心，是个缺点绝非优点。长大了，我才慢慢明白爱自己是懂自尊，是个绝对的优点，是种很难的能力。当然，爱自己绝不是指什么事都只考虑自己的利益，什么情况都只想到自我的感受。爱自己在不排斥自我利益的同时，也不否定适当情况下牺牲自我的利益。

我们都在追求自己的人生价值，希望自己的努力能得到承认，希望去给予别人爱，也希望能够得到他人的爱。生活总是无法完美，衣食住行，充满平淡，有欣喜欢笑也有眼泪伤悲。如果我们拘泥于眼前，对自己太苛刻，其实只能是对自己的一种伤害，就像太努力工作有时也是对自己对家人的一种伤害呢。学会爱你自己，不能把它简单看作是懒散和懈怠。

学会爱你自己，你才能精力充沛地拥有明天，去实现自己的梦想，去帮助身边的人。

想想看你自己是否很重视爱你自己，如果根本就没仔细想过这个问题那你此刻就要好好想一下，如果你对爱你自己显然不够重视，那你就要有所改变。别人可以对你叫嚷一万遍爱你自己，但要能做到这一点却只能是你自己本人。

比如有人无端嘲讽和鄙视你，如果你能平静地不与他争吵，内心宽容他的失礼狭隘与过错，那么他的嘲讽与鄙视就无法伤害你，你就能够正确地做到爱你自己。

比如一个美丽的女子想变得更美而割眼皮反而受伤留下遗憾，也有女子为了减肥导致营养不良甚至厌食造成严重疾病。学会爱自己不是件容易的事。

人无完人，但自爱使我们更成熟。学会爱自己也包括不可以简单为了自我利益而去损害他人利益，那样的话就成了自私。

每个人都拥有一个个性的丰富多彩的自我世界，他人其实永远无法充分了解，不需要排斥自我或简单否定自我中心的人，学会爱自己，我们的社会才会更阳光更积极，我们才更有能力去爱别人。

第十节　狭隘与偏见

不必因为**狭隘与偏见**而羞耻，因为**狭隘与偏见**将始终伴随我们每个人的一生，你我都无从改变这一点。因为绝对完美是不可能存在的。

狭隘与偏见是相对于博大与公正的。逻辑上讲，正如我们无法完全没有狭隘与偏见，我们也无法做到绝对的博大与公正。**绝对的东西**

是不存在的，我们要坦然接受自我的一定的狭隘与偏见，虽然我们并不是在排斥人们对完美的追求。我们这里特别强调要正视自我的局限性，避免过分的无意义的努力，避免过度的完美主义诉求。

换一个角度讲，**狭隘与偏见**正是每个人个性所在。人无法完全走出自我的世界，完全脱离自我的世界，完全走出自我也可能意味着丧失自我或死亡。每个人都因为自己的性别、年龄、基因、家庭、出生背景、生活经历、受的教育、职业、社交圈子等等因素导致了个体差异性，构成自我。

狭隘与偏见的反向力，即减弱的力量和因素包括教育、旅行、社交、家庭。

教育使我们能够学到更多的知识，帮助我们掌握只靠自己的生活与思考不可能获得的经验，从而避免了我们许多的狭隘和偏见。旅行也是增广见闻，让我们避免狭隘。社交和家庭生活也有助于我们避免过度局限于自我，从而减少狭隘与偏见的程度。

狭隘与偏见的正向力，即加强的力量和因素包括职业、性别、年龄、教育、社交、家庭，其实所有的个人生活元素本身在形成和加强一个人个性的同时，也就是在让这个人哲学意义上更加的狭隘与个性化。(详见第二章第三节《职业对人的异化》，第四章第二十四节《职业，家庭与教育对人的异化》)

如果我们把哲学意义上的狭隘与偏见近似为个性，那么我们如何尽量让我们的个性去避免通俗意义上的狭隘与偏见呢?

技术上讲，要学到更丰富的知识，拥有更丰富的经历，要学会听取他人的意见。

心理上讲，要避免过度局限于自我，学会**多角度思考**，只有多角度思考才能避免所谓瞎子摸象的局面，更真实充分的掌握情况，避免狭隘与偏见。

在人际交往中，要学会**换位思考**，两个人交流中很容易发生误解和争执，真正无理取闹的人很少，真正严重的冲突往往都是因为双方各执已见，同时又完全不从对方角度考虑，完全不替对方考虑，不能够或者也不愿意换位思考！理性上强化接受换位思考可以让一个人更成熟地进行人与人之间的交流。例如，能够帮助父母与孩子的沟通；减少夫妻矛盾；减少管理者与员工的矛盾。

要能够**跳出自我**去看待自我，人了解认识自我是非常困难的事，面对重大问题，人的内心往往有一个声音清楚而明确，这其实是本能做出的直觉判断，有较高的失误性，其实如果能够以旁观者的角度也去考虑一下自已的判断往往就能减少简单的错误。

以一个旁观者的角度研究自我是一件魅力无穷的事，它帮助我们克服自身许多本来难以克服的问题，超越自我。

第十一节　中国的国家进步

中国的对外移民与留学可能是文化提升与国家进步最简单又最自然安全有效的方法。

狭义的爱国主义倾向于闭关锁国，对外否定与排斥，甚至激烈对抗。这只会增加社会运营管理成本，会有碍国家进步。东西方文化虽然有所不同，区别很大，但两者之间的交互融合与提升已经是必然的大趋势，我们应该利用这种趋势促进国家的进步。

广义的爱国主义鼓励我们走出去。清朝的洋务运动就是对外留学，洋为中用，避免之前简单的闭关锁国政策。只有学习别人长处，才能改变自我短处；只有承认别人优点，才能正视自己不足。

对外移民其实只是留学的一个深入形式。人们会担心人才流失，但长远意义上对国家的促进作用可能更为巨大。例如，20 世纪 80 年代留学的学生很多留在美国成为美国公民成为一流学者，虽然确实在当时构成人才流失，但在 2000 年后国家的人才引进政策中，正是这些人回到祖国带动了许多科学研究领域，带动许多行业走到世界前端，如果假想大量的引进西方人才不仅难以与国内接轨，效果堪忧，引进成本也会过于巨大。

对外移民政策是一项积极的应该鼓励的政策，应该予以正确引导的政策。虽然存在人才流失的问题，资金外流的问题，但正如当年英国对美洲的移民，虽然也有美国对英国独立战争的痛苦，但也有二战中避免战败于德国的幸运，当时没有美国的支持与参与，英国是无法坚持战争的。对外移民能够更深入地加强文化交流，能够更长久更自然地进行文化经济等各个领域的交流，而且对国家的直接成本极低，更高效地实现国家进步。正确引导主要在于加强广义的爱国主义，加强对自我文化的客观认识，避免简单的自我否定和对西方文化的过度崇拜。(详见本章第三十三节《中西文化差异论》)

移民与留学也促进了国家之间文化与经济的深入交流与融合，在宏观上大大降低了国家狭隘、民族歧视、国家敌视，减少了地区战争或世界大战的可能性。文化与经济的交流在现实里也解决和淡化了很多矛盾，例如，金融外汇、外交、科技、甚至军事等。正如中国历史上的通婚政策一样，移民政策应该是利远远大于弊的。

虽然留学与移民还没有成为国家策略，但现在大量的留学人数与激增的移民人数可能正是我们文化优点的一种自然体现，会深刻促进我们的国家进步。

思维，逻辑，心理学有关的话题：

第十二节　人性的矛盾

人最自然的状态应该更是感性的，但人的思考却告诉我们走向理性，我们受的教育也基本都是教会我们如何更理性地生活与做事。感性与理性的矛盾贯穿于人的一生。

在一个人选择职业的时候，人都更愿意做自己喜欢的事情，但自己喜欢的往往不一定是自己最擅长的，大多数人都会从理智和现实出发去做自己更擅长的事情。

我们尊重和提倡人性的自由，但我们热烈地追求严谨的逻辑。就像用高度非人性的律法去保障人的自由民主的权利。至少有其矛盾的一面。

人性有趋向于悠闲自由的一面，但现代社会日益加快的生活与工作节奏不能不说是违背人性的。

人性有趋向宁静的需要，认为宁静是无比美好的，但人性中也有高度群居，喜欢热闹的一面，例如说美国人狂热于各种聚会。宁静与喧闹显然相当矛盾，虽然它们显然都对人必不可少。宁静与喧闹的性质对中国与西方的城市构成有着深刻影响，我们看到中国城市中心的人居密度远远高于西方城市，中国人对吵闹环境的耐受度显然高于西方；中国人对郊区生活更不适应，在相对安静的环境中更容易感到孤独和不适。

人对精神的和肉体的追求也有巨大冲突，例如，许多女士过度减肥，或者过分化妆爱美；许多男士过分追求肌肉形体；例如，当人过分利用技术延长寿命，自然造成浪费与社会成本巨大增加。

人对精神上与物质上的追求也构成矛盾，例如，当你过分忙于挣钱与高消费的时候，你不可能有多少时间读书或与朋友进行深入的精神交流。

当人太追求快乐时，就自然面临痛苦，例如，吸毒。（快乐与痛苦的矛盾详见第一章第三节《痛苦与快乐》）

人性的矛盾是自然存在的，逻辑上必然存在的，我们只能接受它，学会去享受它，并选择去设法平衡和调整这些矛盾。

第十三节　心理学基本原理之一：镜像原理

——Pyschology theory：Mirror theory

镜像原理是心理学一条基本原理：

People see something, but what he could understand is only what he is familiared with—a world of his own. In other words, he tends to think all others doing things with his value.

人预测他人的行为，理解他人意图只能按照自己的价值和习惯，把对方看作镜子中的另外一个自己在行事！

一个人能看到的世界是客观的，但他能感知到的只是他的主观的、自我意识的世界。

一个人观察东西或事物时，总是倾向于把它们理解成他熟悉的、感兴趣的、期望的东西或事物。

例如，一个人老以为其他人在算计自己，其实这往往说明他喜欢算计人；反之亦然，如果一个人极少觉得有人在算计自己，其实是他不会算计别人而已。

例如，看法律案件的电影，一个律师习惯于去思考案件的法律问题，但一般观众更习惯于关注故事情节的发展。

例如，五个人在草原上看到两只绵羊，他们的想法可能分别如下：

遗传学家：这两只羊是否纯种，是否可杂交为多产奶的羊？

牧羊人：是否该挤奶了……

屠夫：怎么才能同时抓住两只羊一起杀了吃？

浪漫游客：想跟它们合个影。

剪羊毛工人：羊毛太短，还不用剪……

运用**镜像原理**，我们更容易理解沟通艺术中的**换位思考**，也会更懂得从一个人的简单话语中去认识和了解一个人的习惯和价值观；从一个人对周围人和事的评论中，理解他的个性与风格，从而更好地注意与他的相互尊重，更好地与他进行沟通，减少不必要的误解与矛盾。

第十四节　心理学基本原理之二：主动与被动原理

—Pyschology theory：aggressive and defensive

在人际交往中，如果一方采取主动，另一方往往会本能采取被动。这就是**主动与被动原理**。

例如，向陌生人问路，发问的人主动，被问的人往往被动。发问的人如果能主动表达友好态度会便于进一步沟通，被问的人往往会采取被动防守态度。

基于这一原理，人与人的交往或谈话就要注意沟通节奏，避免一方过于主动，因为过于主动往往会必然造成对方反感，采取非常排斥和否定的态度，甚至敌视态度！

这一原理广泛适用于各种人与人的交流关系，包括，陌生人之间，同事朋友之间，恋人之间，家人之间。朋友间的交往，如果一方太积极，总容易被另一方看作太强势甚至有所企图，例如，现在中国的大背景是唯利是图，普遍道德良心准则相当低下，两个初识的人交往，如果一方太主动，往往会导致对方的疑虑，甚至会导致对方的厌烦和敌对。例如，夫妻之间如果有一方什么事都主动强势，对方长期被动服从，时间长了必然造成矛盾甚至敌对，因为被动方会自然认为强势方很不尊重自己。

第十五节　心理学基本原理之三：稀缺珍贵原理

—Pyschology theory：market theory

一句稀奇的话或一个另类的人往往会吸引更多的人注意，并且引起更强关注度。虽然，这种关注可能是友好善意的，也可能是嫉妒敌对的，也可能是中性的。

在巴黎郊外问路，当地人往往非常热情地指路，可能因为问路的中国人是个稀缺动物吧；在上海市街上找人问路你最好与他保持充分距离，让人家感到安全，对方有可能根本不理你。

在一个30个人的班级里，只有5个女生，那女生就是珍贵资源，相反，如果是5个男生，25个女生，那男生就相当宝贝了。

在南京，来几个西方人蛮受欢迎的；在奥地利山边的小镇，一两个中国人也会蛮受欢迎的。人都有好奇心。

基于这个原理，人在交往中如果想引起对方注意就需要突出自己的一些个性。人在演讲中要有特别语句语调或特别的故事吸引听众。当然换个角度讲也不需要弄巧成拙，故弄玄虚反而引起负面效应，每个人都是非常个性和与众不同的，找到适合的展示自己的方法自然就让大家感到你的优秀，你的魅力。

第十六节　心理学基本原理之四：映衬原理

—Pyschology theory：diversify theory

即夫妻或长期密切相处的伙伴之间：如果一方温和，另一方往往变得不温和甚至暴躁；一方保守，则另一方往往慢慢变得趋向开放。即使他们原来是很相似的人，这就是**映衬原理**。

这一原理强调人与人之间的相互影响，相互改变，这其实是人与人之间的自然影响，大多数情况无须特别注意。

这一原理作用下的极端情况需要特别的注意，例如，如果夫妻一方过于温和和顺从，会鼓励另一方过度暴躁甚至骄纵。逻辑上，顺从者也有责任，骄纵者也有无辜之处，所以，我们强调夫妻关系的变化，在不同事情上不同人做主，或不同时期不同情形下要交换角色，不能一方过于强势或者长期弱势。

人与人之间是相互影响的，一味地简单给予一个人好处可能造成这个人习惯于不劳而获，反而是害了他。就像那个民间传说的故事，一个娇生惯养的儿子后来犯了大罪临刑之时反而痛恨自己的母亲。

再例如，一直鼓励表扬一个人往往对这个人的激励作用就有限了，甚至起到反作用，让这个人经不起一点挫折或者一点批评；反之亦然，对一个人批评过多往往会让他麻木，甚至自暴自弃，批评加上必要的表扬才是必需的基本做法。

第十七节　所罗门智断疑案与心理学

相传古时的所罗门需要断一个案子：两个女人，几乎同时各生了一个孩子，但不久其中一个在夜晚将自己的孩子压死了，她却把另一个孩子抱过来，两个女子都说活着的孩子是自己的，相互争执不下！

于是所罗门判决，将孩子一劈为二，各分一半！结果，真的母亲当然就不争了，同意杀孩子的女子自然是假母亲。所罗门欲擒故纵，变被动为主动，采取突然的极端进攻性问题，激起当事人的本能的直接的心理反应，超越了当事人充分理性思考后会产生的狡猾反应。

古时就有这样用心理学的，其实心理学非常朴素与简单的存在于我们的生活当中。

欲擒故纵，是一个很好的方法，易于反射出人的本能或真实想法，其实很多真实的，或潜意识里的想法，当事人自己都没有意识到，更说不出来，譬如，两位介绍初识的恋人（不是一见钟情的），往往，有一方觉得对方索然无味，这时太过频繁接触并不是好的选择，不见一段时间，或降低约会频率有利于更正确客观地认识对方。

其实，普通朋友相处也有同样情形，特别是一开始，交往双方如果一方过于热烈，另一方往往会趋于猜疑，从而反而无法相处。

另外，夫妻相处也有类似情况。再好的夫妻如果相爱相知，了解太多，相互要求太多，都一定会使对方排斥厌烦，甚至难以忍受！相互给予充分的空间和时间，是保持吸引与爱慕的必需做法，也是一种相互的尊重与信任。

第十八节 皮肤饥饿的心理学、生理学与情感内涵

心理学认为，人们的皮肤有被触摸的需要，如握手、抚摸、拥抱、脸颊相贴、接吻等，这对**青春期的女孩**尤其如此。当然，**婴儿**从出生到100天，据说是个爱抚的高潮期，也许是因为刚刚来到这个冷漠的世界；**老年人，特别是独居老人**非常需要拥抱、抚摸和按摩，通过这个，他们会更切身体会到被爱的感觉，没有被遗忘，皮肤和筋肉传达着亲热的感情和关心……

一对正常生活的夫妻，更要注意皮肤饥饿的发生，往往夫妻一方已经有非常强的皮肤饥饿，而另一方毫无需要；如不注意协调，这就会潜在引导夫妻感情出现问题，所以适时的温情拥抱对夫妻是非常重要的，拥抱也是夫妻间人性的、必需的表达方式之一。

朋友之间也很需要握手或礼节性的拥抱，来敞开心扉减少距离……

生理学认为，两人皮肤的适当接触（不特指在异性之间）会使人体产生相应的微妙的生化反应，产生相应激素。

这种**广义的接触**，包括：两人身体的距离，低于一般的心理安全距离。典型的例子如，冬天，两个男子在火车站即将长期分别千里，

两人做长时间的法国式拥抱：两人感觉很亲近！虽然两人都身着大衣，皮肤毫无实际接触……

在情感的内涵上，人有爱与被爱的需要，爱抚、亲吻等等是最正常的唯美形式，也是人性优雅的歌唱……您大可坦然地给予他人拥抱，或接受他人拥抱……一种爱的非常恰当得体的表达方式……

人类不同文化虽然对皮肤接触的喜好和接受程度不同，但都给予了非常特殊的意义。

皮肤饥饿是人的一个非常正常的反应能力和需要，我们完全不需要为此感到紧张或羞愧。无视人的皮肤饥饿的本能，排斥男女皮肤接触的态度，也像鼓励没有性的柏拉图式的爱情一样，反而是不健康的，不正常的。

第十九节　对独处的排斥与对独处的需要

—Theuse & Hurt of solitary

一个人独处总会产生寂寞的感觉，但人虽然有时排斥独处，但有些时候又非常需要独处。

独处会让人寂寞，让人恐惧痛楚，但独处也会给人带来自然与宁静，带来思索的空间。人在不同情况下，不同心境下对独处的态度完全不同。不同人对待独处的不同方式与风格，也反映出一个人的一些个性与性格，例如，有些人完全不喜欢独处，非常好动喜欢热闹；有些人非常享受独处喜欢安静。好动的人在欢闹的外表下可能正有一颗非常寂寞的心，好静的人在安静的外表下可能有着一个热情洋溢的内心世界呢。**人的内在与外在表现往往是相对的**……好静与好动的看似非常不同的两类人，但有可能他们在自己的不同时期却会变成完全另一类人，寂静的人变得侃侃而谈热情洋溢，好动的却骤然静止沉默寡言。

人对独处的排斥是天生的，因为人是社会性动物，需要交友、成家、生孩子，长期独处就会孤独难受。人需要多种方式的交流、沟通、娱乐。人也需要不同圈子来排斥独处：同事、家人、朋友，由不同爱好娱乐带来的朋友圈子是排斥独处的有效方式。

长期独处是危险的，无论是精神上还是身体上的，或两者兼有，也许尼采、凡·高可以做个例子，极端孤独导致死亡。

皮肤饥饿与忧郁症等多种问题也与长期精神孤独有关。

人对独处的需要就不是每个人都会强烈意识到的了，但它对人一样异常重要。

长期没有内心的宁静会造成严重的烦躁和空虚，甚至精神疾病。

人在嘈杂的环境或人多的社交场合往往无法进行有效的、冷静的、深入的思考。所以嘻嘻哈哈，尽情欢笑热闹之后，安静下来往往才能明白一些特别的东西。进行严谨的科学的逻辑思考需要安静的外部环境和内心环境，例如，科学研究、哲学思考。就像故事里总习惯于说，山间隐士思考修炼，出山才能成就大业；整天酒场赌场舞场，往往只是浮华和虚度时光。

所以喜爱清静，也是人的一种本能需要，只是不同性格的人表现不同而已。

也许我们在一个繁忙的销售人员身上看不出他对宁静的需要，但这种人对宁静的需要的本能却是真实存在的，即使他们自己也不以为然，但这种需要会在特定时机让他有着特别强烈的本能举动。例如一个热闹繁忙的销售人员突然辞职了，理由只是他想静一静。

尊重自我的本能，在长期繁忙之后给自己一个轻松的假期，你才会更加身心健康。

第二十节　交谈、辩论和演讲

一个人脑子里想要表达的意思，他嘴里却可能根本表达不清楚，讲话同时的举手投足怪异可能给听众许多误解。这就是一个人的语言表达能力。具体形式包括，语言陈述、演讲、交谈和辩论。演讲就是一种高级的语言陈述。辩论就是一种冲突激烈的交谈。

一个人的思想，他的语言表达和他的身体语言，这三要素本身的水平以及三要素之间的配合与协调的水平构成了他的语言表达能力。

首先这个人本身要有一定的思想水平，有东西你才能讲出来；语言本身的表达水平需要训练，你才能充分表达你的思想，讲话的过程中自己所讲的话也会触发自己特别的想法，言语和思想是互动和同时进行的，如何能够和谐以及相得益彰需要天赋以及特别训练；身体语言与自己讲的话要能充分配合也需要多多训练。

交谈，辩论与演讲经过特别的针对性训练，可以很大提高水平。

例如，交谈要训练自己的思路清晰，针对不同问题循序渐进，与不同风格的人采取不同方式谈话。辩论要学会充分准备材料，了解对方，要理清己方思路，准备好多种应对方案和论据例证。演讲要多多提前练习，加强面对大量听众的稳定心理，要学会观察听众反馈。

交谈，辩论，演讲，这些语言的表达能力对人很重要，能让人想明白更多的东西，纠正自己看错的东西，没看到的地方，这往往不是一个人自我思考所能获得的。

交谈和辩论可以两个人之间，也可以多个人之间，沟通效率极高，而且比读书要容易许多。

演讲让一个人很容易影响一大群人，对大众产生一种共同的倾向性影响，美国总统的选举主要影响因素之一就是候选人的演说。反面的例子是：希特勒的演讲，据说煽动性极强，影响力很大。

一个演讲很容易穿越教育背景、职业背景、年龄、性别等等，但一本书对人的影响往往因为读者的背景各有不同，而差异巨大。

人听演讲很轻松，很可能是被动的、无意识地听到一个演讲，例如，电视新闻里正在放，广播在播出；但人看书往往不那么轻松，人看书一般也都是主动的、有意识的，才会看到某一本书。

第二十一节 影响他人与增强个人感染力的技巧

影响他人的技巧包括增强自我的沟通能力。（详见第三章第二十八、二十九、三十、三十一节）即在注意换位思考的前提下尽量理解别人，然后要把自己表达清楚，要善于表达，要善于抓住他人的注意力。

影响他人的技巧上还有一些共性。

首先，**重复**是加强印象加深吸引力的一个手段，当然，重复本身要注意不要让人讨厌。重复自己的某种观点，避免一带而过永远是有好处的，或者，从不同角度来重复探讨一个观点，自然会加深听众的注意。

另外，**身体语言与表情**是打动人的重要手段。人与人的交流不只是语言、讲话中的语气、人的表情，拥抱握手等等丰富得体的身体语言也是影响人的一个重要方法，就像演讲者哪个不会用笑脸来同化听众，哪个不会用手势加强表达。一个适合的拥抱有时可以比千言万语都有效，迅速缩短两人的心理距离。

同化对方也是加强感染力缩小心理距离的有效方式。描述自己与对方有着相同经历，例如，都经过某种磨难；都上过同一所大学；是老乡。当然，如果能真实地一起共同经历一些事情，例如，一起生活一段时间或者结伴旅行一次，那相互的距离自然缩短，影响自然加强，时间是人们沟通的帮手。

例如，我在丽江旅行的时候，我发现大家有一些惊人的相似，都是在追寻某种精神的东西，都不是简单的观光与娱乐，大家之间自然距离很小，信任度很高。

同化对方还可以举**爱与关心**的例子，如果你真心爱你的朋友，关心他，在乎他，那他怎么可能不被你感动被你深刻影响呢？所以，影响他人与感染他人的终极技巧是真诚与爱，真诚的付出会深刻感染一个人。

第二十二节　亲密阈值

—The Best Distance between Two Individual

当你跟另一个人的心理距离过于小，超过了一定限度，这时候往往由于容易伤及对方自尊，即使最真诚的关心行为，也会造成伤害，这个心理距离就叫**亲密阈值**。

亲密阀值可以分为身体上的亲密阈值和精神上的亲密阈值。

这里所指的亲密概念是广义的，包含任何两个人之间的关系，**亲密阀值**也就成为人际关系的一个基本特性。广义的两人关系包含，夫妻之间，朋友之间，家族之间，同事之间，陌生人之间，包含同性别，也包含异性之间，没有特指。

夫妻亲密无间，夫妻之间也存在亲密阀值吗？答案是显然的。我们可以设想一下：妻子老是问丈夫跟某女子最近干什么了？经常问的话显然就有怀疑和不信任的嫌疑，如果超过丈夫限度，那么很容易引起夫妻矛盾，这就是超过了亲密阈值。相反，丈夫对妻子也是一样，不能尊重妻子的亲密阈值，就会毫无意义地伤害妻子的自尊心。

夫妻之间的第二个例子：丈夫 35 岁突然谢顶了，很颓废伤心，妻子言语上很注意，生活上格外照顾，那就很好，但如果不注意尊重老公的心理，语言调笑，还时不时去摸一摸丈夫的光头，甚至在公共场合也嘲笑丈夫的光头，这就严重超过了丈夫的亲密阈值，他与妻子激烈吵架了。

夫妻之间虽然关系亲密，但也同样有着一定的亲密阈值，只是比一般朋友更小，更有弹性吧。

在父子之间，不要因为是父子、一家人，父亲就可以无止境地侵犯儿子的精神世界——这一点在青春期体现得尤为明显，精神和身体的亲密阈值都会下降。

而在陌生人之间，你直接问陌生人很私密的问题，超越对方的精神阈值，对方就会认为你不懂礼貌缺乏教育，从而不愿与你说话和交往了。

所以人与人交往一定要注意对方与自己的亲密阈值，尊重对方，避免冲突。

换个角度讲，人与人之间交流的艺术，也是围绕着不同对象的不同亲密阈值而相应进行。接近或触及对方亲密阈值，会非常强烈地引起对方的注意力，引起与对方的交流与沟通。身体阈值与精神阈值都能够处理得当，会是沟通与交流的高人。当然，任何理论的应用，都要出于本心自然，用心不良是交流的大忌。

另外，身体的亲密阈值与精神的亲密阈值是可以相对独立变化的，也是可以相互影响的。例如，两个朋友平常都拥抱告别，可是今天为一件事争执，不欢而散，大家连手也没握就走了，精神的距离扩大，自然加大了身体的距离；但如果临别时其中一人忍不住还是拥抱对方，他们反而看到了争执的毫无意义，消除了争议，这就是身体的亲密阈值小能够影响已经加大的精神距离，使精神距离重新缩小。

第二十三节　学会适时结束一件事

人的行为很难多么理性，人的精力与时间又非常有限，所以，学会适时结束一件事是非常重要的能力。

人与人有时会激烈争执，当时看起来非常重要，非常应该，但可能过后想一想，完全没有必要，当时吵得毫无意义！所以，适时结束那个争吵，不让它愈演愈烈是个非常重要的能力和技巧。

适时果断结束一件事。简单的例子就像酒桌上拼酒，拼来拼去毫无意义，学会能够适时停下来，不至于酒醉伤身，还拼出矛盾来。人有时候会太沉溺于一个娱乐或爱好，花太多的时间，学会停下来，结束它，才能给自己更多的时间。人们恋爱也是，如果发现有重大不开心的地方以后可能会不幸福，那么就不要再简单私情下去，而是果断地结束。

学会适时结束一件事，是一种成熟，也是一种必须。我们每个人的人生努力，可能都会遭受巨大挫折与失败，要能够学会不要一直沉湎于过去，能够学会结束一件事，向前看，对我们非常重要。

第二十四节 极度浪漫与极度冷漠，善良与危险的共同体

有一类人他们极度浪漫，他们逻辑思维严谨，但也正因为这严谨的近乎冷酷的思维使他/她们在日常生活中大多数时候，大多数情况下显得极度冷漠无情，直到你触动了她/他的浪漫开关。

极度理性的人往往心底极度善良，甚至毫无私欲，但却也可能是个潜在的危险人物，因为他/她们太理性，可能就有不人性的一面，甚至做出极端事情。就像我们认为极度的理想主义者是危险的，他们太脱离现实。

极度理性的人危险！也是因为他们非常坚定自己的原则，非常认同自己的行事习惯，并且还会按照自己的逻辑推断，坚定不移地去执行！即使执行的是常人看起来相当怪异，甚至非常错误的，或者违背人性的事情，过度理性就会有非人性的倾向。

例如，如果B超查出孕妇的胎儿有某种程度的残疾，是否都应该终止妊娠？

重病在身，活着可能不但自己痛苦，亲人也会更加痛苦时，是否可以选择**安乐死**？

这两个问题，碰到极度理性的人，他们答案可能都会选择：同意。

过度理性肯定会有非人性的倾向，会有危险的倾向，学会平衡理性与人性是这类人尤其需要特别注意的。这一点超越律法和伦理。

第二十五节　服从与抗争

面对一个命令或要求，一个人可以**服从**也可以**抗争**，当然服从有道理的命令意味着尊重权威，遵守法制；无原则的服从可能意味着失去自尊和自身危险。**抗争**意味着一个人的自尊心，也意味着一个人的求异思维能力，一个人的创造力强度。每个人对服从与抗争的处理艺术也是一个人很大的个性所在。

没有服从，一个组织、一个队伍、一个公司，就意味着一盘散沙！不打自垮……

没有抗争，可能意味着一个人毫无个性，毫无生气，能力低下；一个要求他人毫无抗争的人可能是刚愎自用、自以为是，也可能是很缺乏人性的人。

因此，一个有效的组织必然是一个同时有能力服从与抗争的组织，组织内部上下级之间有协调的服从与抗争能力；组织整体对外也有充分的服从与抗争能力。绝对的服从，对高效组织不利。

服从意味着遵循一定公理，意味着相互尊重，意味着法度。

抗争则意味着对个性与人性的尊重，意味着创造力的发挥，意味着对错误现状的改变，对错误规矩和错误要求的改正。

每一个人，不能学会服从就是不能适应社会，尊重大家。

每一个人，不能学会抗争就是迷失个性，放弃自我实现和自身创造力；不懂抗争，一味服从就是不懂得支持正义打击邪恶，就是是非不分，甚至于助纣为虐。

服从与抗争之间有着如此的矛盾，一个人学会平衡这两者是我们人格的一种艺术所在。

第二十六节　职业，家庭与教育对人的异化

如果不考虑每个人天生的秉性、性别差别、自然体质差别以及种族、文化、语言上的差别，那么，对一个人强有力的产生异化的因素还有哪些呢?

首先是教育。一个人要接受12年的基本教育，4—8年的高等教育；教育经历本身与学科专业对一个人的视角、理解力、视野会产生极大的影响与改变。例如，一位心理学学生习惯于从心理学角度看待他人行为；一个新闻系学生更注重信息的传播与影响。

其次是家庭。人一出生，家庭环境里父母亲的耳濡目染其实就构

成了一种极度丰富与深刻的教育，例如，儿时的父母言行可能会在他/她自己成家后不自觉地效仿，这种效仿包括如何带小孩、如何饮食，甚至是职业喜好也会有传承，如，垒球世家、医生世家。

而恋爱与成家，是我们接触和了解异性最深刻最实际的过程，本能与理性体现得超出我们想象。对性与异性的理解其实正规教育涉及很少，主要通过家庭教育、家庭影响，还有生活经历；家庭有相敬如宾型，争吵不断型，也有非常甜蜜浪漫却突然离异的，温馨和谐一生的少之又少，大多数都虽有波澜，但维系或理解妥协与再接纳至终老。

一旦有了自己的孩子，家庭称得上完整，因为孩子更意味着责任与社会延续。有责任才有其乐融融的快乐，当你的钱与时间都无处使用时那才叫生不如死呢。拥有孩子，会使你从父母的角度重新看待一切，你可能会改变很多，懂得奉献也就是收获本身。

最后就是职业。虽然最后讲职业对人的异化，但其实这是对人异化最强烈的因素，也是历时极长的一个因素。所以，在标题里，职业被放在首位。

职业是现代社会绝大多数人赖以生存的基础。提供收入来源，大多数人对此高度依赖。一般人一个职业往往伴随其主生命期（相对于教育期与养老期）。一个电子工程师往往很难了解或理解一个新闻记者的生活，一个网球教练的生活，一个国际贸易者的生活，一个律师的生活，一个老师的生活，一个医生的生活，一个售货员的生活，一个政客的生活，一个保险业者的生活，一个钢琴师的生活。电子工程师对他们不懂基本的电路图感到不解和惊讶……每个人都习惯于从自己的视角看问题，他倾向于相信：别人也理解也看到他能看到的……在现代社会的极度分工细化之下，职业化高度专业，大多数人都有某种程度的职业病，职业对人的异化之强烈由此可见一斑。

职业所代表的高度社会分工在不远的将来会有什么变化呢?

我们期望会更多地出现淡化职业的**综合职业**，也期望更多人群可以基本脱离职业束缚而进入高度自我支配的自由支配自我引导自我教育的**高纯度创造的生命状态**。如，成功的知名艺术家：画家、雕塑家、音乐家、研究工作者等。

第二十七节　论研究者与研究本身，思考者与思考本身

研究者始终保持不被研究本身所迷惑，这是极其重要的。作为一个研究者，能够经常保持清醒的头脑，经常**跳出所思考的问题**后再来看看这个问题，往往很有意义，因为专业研究本身总是非常细节，非常局部，甚至琐碎的一些问题，离开长时间思考的问题，换个方式考虑，往往能带来意想不到的突破。其实我们作为一个普通的思考者也是一样的，我们要学会避免陷入思考的问题本身，不可自拔空耗时间精力，甚至钻牛角尖。

理论上，我们认为**人是倾向于被自我的行为所局限的**。

所以，人们都要有意识地去避免过度局限于自己特别专注的事情，或者长时间从事的事情，过于狭窄的局限对于人心理上和生理上都会造成伤害。

职业病就是一个典型的例子，一个多年从事某项职业的人如不特别注意，他是很难避免过度局限于自己职业的，形成一定程度的职业

病的，因为职业本身在强化你特定知识的同时，也就占用了你学习其他知识的时间；形成一些职业的习惯，会让你在生活里也使用这些习惯。

作为一个专业的研究者或者一个深刻的思考者，必然需要长期的专注的研究与思考一个特定的问题，培养自己的这种跳出问题本身的能力，才能更好地让自己能够从不同视角看待这个问题，才能让自己不容易陷入问题本身，从而得到意想不到的思考突破。

这一点对于自然科学研究的工作是显然的，要想取得突破性进展往往不能限于现有理论，往往需要其他看似无关的学科知识；对于哲学与心理学研究也是如此，如果搞哲学的都不能跟普通人进行沟通，都不会站在普通人的角度去思考问题，那他的思考可能过于离奇，很难有用处了；对于文学与艺术创作也是如此，自己创作的时候往往有很强的本能冲动，对自己的文字或者绘画肯定满意，但当自己干了其他事，过了半年之后，再审视自己的文字和绘画，自己往往能看到许多必须改动的地方。

(参见第三章第二十一节《人的认知基本理论之三：置身事外》)

第二十八节　辩论争议与逢迎恭维的区别

辩论争议就是没有谈话的艺术？没有社交能力吗？

如果如此，这个社会一定充满了虚假和逢迎！这让人想想都极不舒服！没有激烈的辩论显然人们都太过谦和，太过封闭，不愿意简单的表达自己的想法，不愿意反对他人的意见。人们说：道理越辩越明。许多时候真是这样的，我们每个人都很局限的，大都愿意做自己认为对的，真正想做坏事的人很少。但是，我们个人认为对的事情很可能不对，我们仅凭自我反思，自我觉悟，自我认识是很难轻松改正的。所以，鼓励讲出自己的观点，鼓励人与人之间的辩论是人与人之间的一种重要相互促进。欢迎争议，这样才能将矛盾公开化，从而得到解决，避免隐藏矛盾，但暗自各行其是，或者相互阻碍。

我提倡所谓百家争鸣，发表不同意见，引发争论，引发思考，并不介意自己的意见被否定，或去批驳他人的观点！当然辩论要就事论事，不能含有人格攻击。

现在中国人有一些喜欢做好好先生，什么都你好我好大家都好，其实这是极为不负责任的做法，甚至等同于欺骗。如果朋友间交流，都不会有些基本的争论，而只有恭维了，那不是太虚伪太可怕了吗?!

学会辩论就像一个人能够习惯于总是从正反两方面来同时思考问题一样，能使自己避免简单的错误决定，避免简单的自我局限，使自己更正确。

激烈的辩论是需要高度技巧的，辩论中能够根据对手根据情势加强意见的锐度可能会深深触动对方，但问题方式或锐度不当则有可能引起误解，把握辩论的节奏，引导辩论的方向和控制辩论的气氛是艺术所在。

如果一对朋友之间完全没有辩论与争议，那么他只能理解性的说一些好听的话，甚至逢迎恭维。如果说朋友之间偶尔的逢迎和恭维还可以理解为友好的外交性的爱护与礼貌，**那么，习惯性的逢迎与恭维，我更看作是谎言与欺骗**。这也是我非常排斥逢迎恭维的原因。

谎言是很糟糕的，我个人拒绝谎言，对于我认为不适合回答的问题我可以不予回答，但我不会说谎或错误引导。中国成语里**顾左右而言他**与**口是心非**是有原则不同的，前者是外交手段，后者则是欺骗。

几个与文化有关的话题：

第二十九节　中国文化中的欺骗特质

这个标题有点刺激!

只是不知道怎样说更好，希望大道无边，不拘一格不怕嫌疑，自我批评吧。

中国人习惯于强调白与黑的辩证关系，强调水至清则无鱼，忽略黑与白之间绝对性不同，而过分强调黑与白的相对性，强调黑与白的转换，最终就导致黑白不分了。黑白不分就是是非不分，明知是错的也给自己找理由解释，有意讲假话还认为无伤大雅，甚至是必要的变通。太多人习惯于讲假话，使朴实诚信的社会风气荡然无存！社会风气认为欺骗可使自己获益，可以保护自我，结果社会的交易的效率低，交易成本很高！对陌生人讲假话，对朋友讲假话，对同事和家人讲假话。导致生活质量下降，人与人之间距离太大，冷漠与猜疑隆盛；老百姓讲假话，为官者讲假话，学者也讲假话，假话在今日中国盛行!!!

我们文化的欺骗特质表现的**最基本**的一个问题就是：

不敢自我否定!

虽然不同时期也都有提倡批评与自我批评，但主流舆论的一个潜台词一直是：我们的文化源远流长，几千年前就已经非常完美了，中华文化根本没有什么局限性，根本不需要进一步发展，而只需要恢复到老祖宗的本来已经有的就可以了。至于当今或近代的落后挨打只是我们没有学会祖宗的东西，甚至倒退极远的缘故。把近代的八国联军，中日甲午，及今天中国的科技水平都归结于丢了先祖的优良素养。

不敢自我否定，没有基本的自省意识，能有多少自我激励的能力呢？

没有谦卑的心理，哪有迎头赶上的勇气，怎么去期待积极向上的社会风貌与真正自尊骄傲的国人素养？

如果中国的今天只是恢复到曾经拥有的以前，而不是本身就有许多问题需要改正提高，那么自然没有人敢公开问：应该如何发展中华文明？

我们的文明有着一些明显的局限性，例如：

1. 缺少足够的逻辑性，过分强调人性中的随意性，所以没有在历史上发展出各个自然人文学科，没有进行细致研究，而只停留在百家争鸣时期，只停留在孔孟之道；

2. 缺少研究能力，缺少创造性的能力和冲动，也没有对创造的推崇，从四大发明以后就没什么研究发明了，基本没有参与近代现代科技的突破，音乐、绘画、建筑艺术也基本没有或极为有限；

3. 缺少对精神力量的深刻尊重，例如，历史上普及一种宗教，例如，今天拜金主义容易盛行；

4. 过分强调了比较的价值认知方式，而忽视了绝对的价值认知方式，这样导致了强化于改朝换代的人对人的统治，而忽视了绝对的历史性的发展。

我们文化的欺骗特质表现的**最性感**的一面就是：对性与繁殖的欺骗。

中国人传统上对性总是躲避犹恐不及，认为很坏，至少对小孩这么说，但在行动上却相当积极——中国男人长期纳妾，有些年轻的皇帝纵欲早亡。

这一欺骗特质表现的**最流行**的一面就是：市场假货盛行！人们虚荣心巨大！公众对质量控制的要求很低，对品牌认同度很低；大家都窃喜于低廉但还能用的假货；买东西大多人也都是能用就行，凑合就行，很少有人计算综合性价比，考虑环保效率；很多人都想着如何致富甚至一夜暴富；没想着如何努力工作，创造奉献，贡献社会。这些方面都与德国、日本、韩国、新加坡等形成鲜明对比。

这一欺骗特质表现的**最尴尬**的事就是：经常有一些奇怪的例子来满足国人的虚荣心，例如说足球起源在中国的唐朝，数学及建筑学在中国古代如何如何发达及领先世界，儒家、道家思想的完美宏大超越所有的基本哲学思想。

这一欺骗特质表现的**最可怕**的一个事实就是：不讲假话的人在今天被认为太幼稚了！

第三十节　让我们对日本再客观些

记得改革开放的时候，邓小平去日本访问，乘坐了日本新干线之后感叹道：这车子真是快呀！

我不知道日本的新干线是哪年建成的，但我知道邓小平很实事求是！

回想日本自二战战败后，到 1945 年，短短二三十年已重新站在世界发达国家前列，不管是科学技术、物质文化生活，还是工业化水平。作为中国人，作为一个清醒客观的中国人，我们应该警醒地认识到：我们应该有很多向日本人学习的地方，而不光是简单地痛恨那段被侵略的历史。

中国人心胸博大，应该看到历史的必然性；中国人也智慧聪明，应该明白别人好的东西一定要学会，即使曾经是敌人！

没有这样的心胸，这样的智慧，我们是不是对自己的将来很不负责任呢？对中国的将来不够负责任呢？

与日本的关系好像一直很不好，而且还要不好下去很久，但不能因为日本干过坏事就否认他们现在取得的成就。不能自强不息、改掉弱点，不能从实质上提高自己，依旧谁都有可能来侵略你。

现在的中国看起来很是繁荣，到处都是工地，其实我们的技术水平、国防状况、人民生活水平、教育医疗就业养老等，与许多国家相比还差得很远，如果我们中国人没有这个清醒的认识，努力改进提高自我，那么等待我们的可能是更痛苦的状况。

让我们对日本人宽容一些，看到他们的优点，甚至能学会他们的长处，超过他们，这样难道不是更明智的选择吗？

第三十一节　学习日本

日本的电视剧在中国改革开放初期对中国影响还是蛮大的，电视剧《小鹿纯子》《铁臂阿童木》《血疑》影响着一代人。这些电视剧也反映了日本文化中纯真率直的一面。

日本社会被认为一直有岛国危机，自然资源匮乏，人口密度高。自明治维新以后，日本文化充分接受西方文化，才形成今天的日本文化。

日本文化与中国文化比更尊崇逻辑性与规则，更强调群体利益，文化中对性，对生死的态度，有一些非常特别的地方。

日本人种与我们相似，日本文化比西方文化更容易为我们所借鉴。日本人在教育、医疗、文化、经济等许多领域也都有着我们可以参考的价值。

日本在汽车、照相机等一些领域拥有知名品牌，这也是我们需要思考和学习的。

中国人应该有能力站得更高看得更远。能够学习包括日本在内的其他国家先进的地方。这样我们才能在今天全球信息流、人流、物流高度交融的时代，走在时代的前头。

第三十二节　中西文化差异论

赌博，在中国是很坏的事，有很多人赌得很大，倾家荡产的例子很多；在西方，也有挺多人赌，但文化上更多人只是把这当作个娱乐，而不是暴富的方式。

性，在中国遮遮掩掩，被看作洪水猛兽；西方一般都认为这是很好的事，但过度就变坏，只是一种娱乐。

饮食，在中国文化中是习惯性浪费，请客吃饭几乎从不吃完，喝酒拼身体；西方是分餐制，重营养，轻口味，重品酒。

烹饪，中国菜食材丰富，烹饪方法复杂，不是遵从简单逻辑，强调味道和营养的调和；西餐食材相对简单，烹饪也很简单，遵从简单逻辑，只强调材料的营养与口味。

在中国的家庭里，主妇地位不高，妇女希望工作，家庭保障不高，妇女离婚后择偶机会很少；而男人离婚后，择偶机会相对好得多得多。在西方，家庭妇女地位很高，也很受尊重，有法律保障，家庭清洁及厨艺备受尊重。

对于金钱财物，中国人显得欲望值很高，但忌讳言明，希望代代相传，传给儿子！在西方欲望也不低，但一般家庭也很难积累多少财富（累进税制及遗产税!!!）；不以喜欢钱为耻辱或低俗；很多富翁在死以前把财产处理干净；崇尚慈善基金和捐赠；认为把巨额财产留给下一代会严重影响下一代。

社交，中国真正意义上的社交只是很少人的事；在西方，很多人看起来很亲近，实际还蛮有距离的。

宗教信仰，中国有坚定信仰的人不多，有单一宗教信仰的人很少，大部分是泛信徒，什么有用拜什么；在西方则大多数人有宗教信仰，并将之作为一种生活准则。

第三十三节 文字与文化

不同的文化对家庭、性、婚姻、权利、地位、荣耀与尊严等都有着几乎完全不同的解释与理解，这是因为不同的语言文字是不同文化的基本载体，而不同的语言则在根本上导致了不同文化的区别。语言文字也反映了一个文化的许多特性和历史发展的印记。

我们试图从英文与中文的一些区别来理解中西方文化的核心区别所在。

1. 英文仅由26个字母构成，形成几万个常用单词

26个**字母本身**基本没有任何意思，但具有严格的相互区别与逻辑顺序，本身强调严格的**不同定义**，强调**逻辑顺序**。

每个单词都有非常清晰的意思，每个单词都有不同的应用或最佳应用场合。

2. 中文由两千个常用字构成，两个字构成的词组异常丰富，成为语言主体

中文由象形文字演化而来，才有笔画。

① **中文文字的概念如英文严格，定义**不十分清晰

笔画虽然定义区别也比较清晰，但远没有字母清晰，就像 a 与 b 的区别，与一竖与一撇的区别。

这一点在汉子与英文单词之间也同样存在。

如，**好**这个字，英文在不同场合的准确翻译非常多，如：good，great，ok，yes；

如，**好极了**这个意思，英文在不同场合的准确翻译很不同，如：perfect，terrific，excellent，wonderful，marvelous，great；

如，**人**这个字，英文在不同场合的准确翻译完全不同，如：person，people，human being.

所以常用英文有 2 万个单词，但常用汉字与词组却远远没有这么多，即每个中文文字的概念相对不够清晰，数量也不够丰富，之间有某种可转化可共同使用的可能。

② **中文文字的基本元素**完全不强调逻辑顺序

中文本身虽然也有**壹贰叁**这些字，但基本元素本身没有顺序，不像英文 abc。

结论一，中文不强调逻辑，概念数量不够明晰。

也许这就是为何中国文化最终没能自我演化出完整的自然科学体系来吧！

近代西方文化发展出科学体系，高速丰富了巨量的知识量，影响改变了世界。

当然，我们并没有因此就表明西方文化更为优秀……

结论二，中文更倾向于某种程度上淡化概念的精确度，淡化逻辑顺序，而强调概念的相对性，可转化性。

事物相生相克，更强调整体性，就像中医是将人看作一个整体，而西医则是头痛医头，脚病看脚。

就像中国画基本都是写意山水与工笔花鸟，几乎不符合严谨的透视理论，而是绝对的抽象派；也许是中国文化潜在地把人类对完美的追求清楚地明白：绝对完美是不可能的，绝对有序即意味着绝对无序(混沌理论)。

结论三，中国文化与西方文化并无简单优劣之分，只是地球文化发展中产生的类似于自然辩证法的比较相对的两种文化形式。

结论四，西方文化对绝对完美的执着追求，对绝对有序的极度追求，过度地反映在自然科学技术领域，很有可能给人类带来瞬间终结。

例如：

1. 基本粒子的研究，超级武器的研究；

2. 极度的医学研究，对病毒，对基因，对延长人的自身寿命的研究。

当然这并无否定西方文化的意思……

事物都是有生有灭，一种终结本来就无可避免。

人类历史上竟能够产生出东西方文化，这两种如此相对的文明，是个奇迹也是个必然。

第三十四节　美国的失业率与人均智力水平

美国近年来失业率居高不下，原因何在？如何解决？

Hugo Boss 把他们在密西西比的制衣厂关掉了，又多一些人失业。

失业问题与美国的长期的引进高技术人才的战略及近二三十年制造业因为人力成本问题巨量迁往国外有关。

美国突出高科技产业的发展，引进大量高智力人群必然造成本国国内同等智力人群相对压力增加；制造业大量迁出所造成的一般性就业岗位不足，简单通过发展服务业不能提供充足就业机会。

人口相对的高低智力组成与智力特征的构成组分，在不同国家地区民族之间有所不同，是客观存在差异的。这与教育文化等等都是有关系的，其实这也直接构成一个国家的特色。

美国：种族多样，高低智力人群共存，教育差异巨大；

德国：强调逻辑，更习惯服从，人均教育程度很高，智力密度高；

法国：强调自由浪漫；

日本：人群智力特征单一，多样性缺乏，共生性高，教育优良；

中国：强调中庸模糊，地区差异、人群差异大，高低智力共存，教育差异大，但智力平均水平与教育水平均较低，智力平均水平低于美国。

人均智力水平在不同种族、不同国家间有着明显不同。当然。不同种族之间也自然存在许多差异性，体能体力的、身体免疫力的、智力的，并没有哪个人种特别优秀，能够在三个方面都明显更好。

如何降低失业率？以高技术收入补偿低技术劳动力损失，并维持人口基数的扩大；当然，向高收入者增税，并通过各种形式补偿低收入者是从经济学角度的解决办法，包括特别补偿与提供免费的教育、医疗、养老、食品等。

人口智力密度组成的隔代回归性是遗传学上假设的智力蜕变，或从统计学角度看到遗传性失效，即一定国家人口如果凭借引进高智力人才在0—30年内产生人均智力密度显著增高，那么在随后的30—60年内智力密度应该可以保持，但在随后的60—90年间，智力密度一定会有一个显著的下滑，虽然可能不会下滑到最初起始的0年水平，但一定是更靠近0年水平而不是更靠近30年的水平。

今天的全球化是大趋势，长期的鼓励消费的文化方式也需要重新反思，过度消费产生巨大浪费，也加剧收入分化，增加基尼系数，客观上也导致部分人群生活压力的无端加大。鼓励简约的消费方式也是缓解社会矛盾，减少失业的有效做法。

第三十五节　人种与混血问题研究

为什么会形成黑色人种、白色人种与黄色人种?

是纯属偶然，还是因为地理气候等客观原因?

人类学认为人类起源和发展还有一些根本性的问题没有解释，地理气候等自然条件不能简单解释人种的某些特征。例如，世界上个子最高的人是居住在苏丹尼罗河上游的尼罗特人，成年男子平均身高达180厘米。非洲尼格罗人面部突颌的特征适宜于炎热的气候，但北极人种中的阿留申类型的突颌比尼格罗人还要明显。这样一些表面上与自然条件相矛盾的人种说明简单的地理气候形成人种的学说是不成立的。

这三个主要人种是否有主要区别与好坏?

人种在肤色、体型、发型、血型上有区别，也在身体能力与思维模式上有所区别，虽然不能简单地定义好坏。

黑人:

身体能力有特别优秀的地方。

例如，长跑的优秀运动员，篮球的许多专业队员都是黑人；黑人在拳击、网球许多运动项目都有特别优秀的表现。

智力特征是有一些黑人智力特别优秀，也有一部分黑人对文字语言沟通有局限性。

白种人：逻辑思维能力突出；但免疫力有较大缺陷，饮食更偏肉食。

黄种人：身体与精神忍耐性高，逻辑不够严谨；免疫力特别优秀，饮食更偏植物源。

混血婚姻是件好事还是坏事?

我国现在涉外婚姻很多，大部分都是黄种女性与白种男性的婚姻。这更是人的自主个性选择，应该有它的自然之处。

我们是应该鼓励涉外婚姻呢，还是要尽量减少涉外婚姻?

混血婚姻一般被认为有遗传学上的杂交优势，但一般国家没有对通婚的限制或鼓励，因为这一问题比较敏感，会涉及种族歧视。虽然人种间通婚在今天全球是不受限制的，但由于文化习惯，各个人种依然保持高度的相对稳定性，并没有出现简单的混合态势。

美国的黑人人口所占比例为12.8%，高的出生率使这一比例还在上升；白人人口比例处在下降通道。

人种的特性是相对稳定的。

人种的特征人群组分是相对稳定的。

假如，德国人中比较严谨逻辑的比例在20%，这一比例并不会因移民流出而被严重影响，因为个体遗传的整体环境没有变化，社会外部环境没有实质的变化。

例如，日本人的血型组分会是相对稳定的，不同血型的人口的比例不会因为移民而影响，即使移民相对集中于某一血型。

第三十六节 社会的机制

—Society management

我们认为社会的机制是在自然机制与主观机制作用下运行的。主观机制是指国家与政府的作用，它是用来平衡社会自然机制的，因为自然机制只强调竞争与偶然因素，会导致社会不公与过度分化。

无约束的社会，自由放任的市场力量必然导致经济走向高度垄断，造成贫富严重分化，进而导致高度社会风险，如：经济危机、社会动乱、甚至战争、人类灭亡。

国家与政府的存在，通过律法和行政手段平衡社会的自然分化，保障人群的基本公平。律法是强制性的，人们都需要遵守；政府还通过财政政策与货币政策去掉节自由市场的力量，包括税收、利率等等，政府还通过提供教育机会，提供医疗保障和养老服务等，提供更多的社会公平。

而社会的自然分化力量会加速社会的极端化，导致严重的社会不公平现象。

财富本身会使财富的拥有者更进一步拥有更多财富，产生阶级固化。富有阶层因为资源与信息比穷人更富有。

智力较高人群比智力相对较低的人群更有优势获得财富，第二代进一步受更良好的教育，从而拥有更多的知识与能力，进一步加深智力分化。

欲望值高的人群比欲望值较低的人群更容易获得财富等社会资源。

所以，**财富、智力与欲望本身**的自然作用会产生日益严重的社会不公平性，国家与政府是平衡这种自然机制，使社会健康发展的必须力量。国家与政府向公民提供更多的安全保障、教育机会、就业机会、医疗保障、养老服务。

由国家政府产生的社会的主观机制是有必要的，因为，人与人群的理性是非常局限的，例如，希望通过个人的慈善捐款来保障整个社会的基本教育是不可行的，也是过于脆弱的。

个人或小群体很难具有正确的社会意志，能够兼顾短期与中长期的社会发展。例如，中国近年的房地产热，有钱的人不断购房，导致房价进一步攀升，他只关心自己财富的增长，不会理会到由于自己的投资，产生的房价上涨，导致后来者无力购房，产生巨大的基本生活成本。一个拥有多套房产的人，只看到自己拥有的财富，却看不到自己空置房屋引起的社会资源的巨大浪费，自己造成的社会不公平。

第三十七节　我反对饮酒

我反对饮酒，个人看来，饮酒对人不产生任何真实意义，除了使人飘飘然；暂时忘却责任和烦恼；使肢体麻木；或使自己拥有莫名其妙的成就感。多少有些像毒品的作用，只不过对人体的直接危害没那么剧烈。

一瓶五粮液白酒，可以使一个本来就肆无忌惮的贪官更加无所约束；也可以使一个严谨自律的人变得歇斯底里或愤懑哭怨；也可以使一个普通人呕吐不止；或让一个人突发心脏病甚至死亡。

饮酒多少是想放纵自己，多少是想暂时麻木一下自己，让自己放下责任，给自己一个轻松的理由：我喝酒了……

酒喝多了没有能做完事情，没有能做好决策，没有能照顾别人的……

一瓶酒，红酒、啤酒、白酒，据说生产厂商产生创造了社会价值，创造了 GDP?

虽然我不是经济学权威，但我的本能告诉我这种 GDP 对社会，对文明没有一点好处。酿一瓶白酒也许就需要 50 公斤小麦，还不谈

用掉了多少人的精力和其他资源，这 50 公斤小麦本来可以帮助没钱买粮食的人一家三口美美地吃上 1 个月，而不是帮助一个酗酒的人产生 2 个小时的幻觉。

如果说酒厂酿酒同时还养活了一个工人，但我觉得这名工人本可以用这个时间把这些麦子做成面粉，或是面包。记得战争时期西方国家有禁酒令，用来节约社会资源，至少我们这样的国家应该有限制饮酒的政策，至少使饮酒需要交更高的税收，然后将这些税收用于救助那些吃不饱饭的人、上不起学的孩子。

饮酒容易伤身，酒后开车更会伤人害己。

您为什么还饮酒呢？(吸烟亦同……)

第三十八节　中国的女权是胜利还是悲哀？

其实中国的革命，对反帝国主义、封建主义、官僚资本主义这三座大山，从今天看，只有对封建主义中的女子权力解放是成功的，并延续至今，女子的社会地位与自由程度在全世界应该是最高的。

女子被要求跟男子一样上班。受教育人群中，职业女性的比例相对很高，远远高于美国德国法国及日本，女子在理论上得到很多平等的机会，如：教育、就业、从政、选举权、家庭发言权。中国女子在家庭中的权力是相对很高的，对妇女的歧视性分工非常之少，传统上认为女性本职的洗衣做饭带孩子等等家务，现在很多丈夫正热情主动地负责。

众所周知，日本女性受教育比例极高，但大多数女子工作成家后，都更会选择做全职太太，照顾家庭和孩子，认为不能做全职太太的举动是对丈夫能力的否定。美国、德国、法国等西方国家，妻子在有孩子以后和孩子的幼年时期都会更倾向于负责家庭，使家庭生活质量更高。

妻子和母亲，其实是家庭的主旋律，构成了一个家庭的主要色彩和风格，如果夫妻都工作，妻子会异常忙碌，不仅家庭缺少温暖气氛，孩子缺少关心，对妻子的健康也不利，很容易由于过度劳累造成提前衰老。

有一个妻子能够在家里，把家收拾得井井有条，采购，聚会，安排度假，自己更有时间享受慢节奏的生活，更有时间关心孩子的教育成长和老公的健康娱乐，那么丈夫一天忙碌之后回到家，才更有个温馨的家的感觉，家庭夫妻之间的分工本来就如此，分工本身并不是性别歧视，夫妻相互依靠也能使家庭关系更为稳定。

美国对夫妻双方都就业工作的实行更高的所得税税率，这也在机制上否定着家庭里夫妻都去工作的意义。

如果说中国解放女权做得很好，但获得权力的同时也显然带来了更大的付出：中国女性又要工作又要忙家务，照顾孩子等家庭责任，实际非常辛苦和劳累，导致女性压力过大，提早衰老。我想今后的发展应该至少给女性选择工作与不工作的权利，并在经济与制度上尽量保障。

第三十九节 信任与尊严

很遗憾今日中国社会非常缺乏信任与尊严。

日常交往中，你几乎很难去轻松相信一个人的承诺，因为不守信的人太多了，不是个别现象，而是普遍现象，这样人与人之间信任度很少，这种信任缺乏的状况不仅存在于朋友同事之间，也存在于亲戚家人之间。人不能尽力去完成自己给予的承诺，甚至会故意给予虚假的承诺，把自己的信誉当作欺骗的工具。人与人之间没了信任，人的尊严自然就被轻视，甚至被蔑视了。如果一个人简单而正直，周围的人会说他："假正经"，装样子。当高尚被人耻笑，那么不择手段的满足自己就会大行其道，所以现在贪污腐败是个普遍现象，人们说："不是你不贪污，只是你还没有机会贪污，如果你是大官你会比他还坏。"社会缺乏基本信任了。

这听起来很可怕，但确实太多人不把尊严当回事。

自尊应该是一个社会运行的基本的主动的保障，法律体系只能起被动和补充作用。如果社会人群自尊度低，那么社会运行成本就会增加，例如，如果一个社会中一般人看到一个被遗忘的钱包，他就会自己拿走，只要确信自己不会被追查；另一个社会中一般人看到一个被遗忘的钱包，他就会交给警察。我们可以看到前一种社会会有更多的遗失、更多的寻找、更多的失望，社会运行成本更高，而且拿走他人东西的人应该缺少自尊。另一个社会，人们即使丢了东西，找回来的概率很大，人们更少些操心。把捡到的东西上交应该更有自尊。

如果人的尊严很少了，那么再多的监督，再多的防范，可能也只会挂一漏万。

第四十节　智慧也不可以被放纵

权利和财富容易被人们当作自满和放纵的诱因，其实智慧也是一样，聪明睿智的人往往也会觉得高人一等。人们更容易以自己的智慧而骄傲、放纵自己，因为智慧不像权利与财富是外在的，智慧是内在的，更像与生俱来并且经过自己努力获得的，可以作为个人骄傲放纵的资本。例如，一个人凭借自己的聪明智慧与努力而获得了巨大成功和财富，更容易自我满足，甚至自以为是，目中无人。

其实，智慧与权利财富一样是一种中性的资源，资源都具有社会稀缺性，拥有资源的人需要对社会负有对等责任。所以，如果一个人拥有高度的智慧，就意味着对社会的高度责任，需要对社会做更大的付出，而不可以作为自我放纵的资本。

每个人只是社会的载体，都需要对社会有责任，履行责任。

一个人的智慧有遗传性也有偶然性，具有智慧的人除了自我努力也要感谢这种偶然机会，而回馈社会，回报大众，为大众做事是一种爱，是付出更是自身收获。

相反，智慧的人对他人不尊重甚至蔑视就是一种自我放纵。

相对于个人的智慧而言，一个种族或一个国家的先进性也是一样的，种族或国家不应该用这种先进性进行放纵行为，蔑视其他国家或者种族，而应该因为先进做出更多，为国际社会履行更多责任。

第四十一节 战争与和平

如何避免战争与全球性经济动荡呢？我们认为首先要避免财富过度集中，避免基尼系数过高；其次，要避免单一文化过于强势。

财富过度集中，是战争或社会经济动荡的最主要因素。无论是同一国家中的过度贫富分化，还是不同国家间的财富高度不均都容易导致战争，或人口巨量迁移。

有没有办法解决贫富分化呢？虽然西方经济学强调用市场的力量去平衡发展经济，即**看不见的手**，但其实，政府的力量是平衡贫富差异的重要手段，政府有责任强化这一职能从而带给社会更好的公平，给低收入阶层更好的基本保障。过度放任社会的自发机制必然加速贫富分化，加速社会冲突和社会不公。例如，富人会更容易挣更多的钱，富人更会得到优良的教育。

贫富分化过度非常阻碍社会进步，导致人均生活满意度指数严重降低，甚至进一步引起整体经济崩溃、内战，或者对外战争以期解决或分散对内问题，如，就业、通货膨胀、移民。

理论上，要减少贫富分化可以有两个主动调节方式：**政府税收**，按收入累进征收，可以提供财富再分配。税收让政府提供社会基本保障，如，教育、医疗、养老。**慈善**，即个人慈悲心，产生各种慈善基金，从富裕人群将财富转移部分至贫困人群。

如果主动调节方式失败，社会矛盾激化，则会被动调节，例如经济危机，例如对内对外战争：如希腊金融危机，叙利亚战争，美国的地产泡沫，日本当年的地产崩溃。

只有强化政府力量，强化合理再分配，用**看得见的手**去平衡**看不见的手，才能真正避免激烈的社会矛盾冲突，乃至突然战争！**

这一点在一个国家内部适用，在国家之间同样适用。因为，在今天交通通讯能力之下，全球化程度很高，国家间壁垒被严重弱化，(如欧盟) 当然这种全球化是好的，很难避免的。

单一文化与价值观念的过于强势会导致你完全局限于自己的看法而忽略其他文化的看法，简单认为自己都是对的，自然容易与他国发生战争。目前美国文化及军事经济都在世界占有主流地位，伊拉克战争和与伊斯兰世界的整体冲突都可以看作是某种文化冲突带来的。

如何解决关于一种单一文化与价值观念过于强势的问题呢?

首先要建立尊重多元文化的国际氛围，政府在是否避免这类冲突的态度上起着决定作用；文化和学术界也要有正面的理解和宣传。

虽然目前美欧经济全球领先，全球文化趋势也顺从经济力量，但求异思维告诉我们，真正许多先进的思想正是从今天看起来好不起眼的地方发源产生的，简单服从现在的所谓大趋势只会导致因循守旧和最终的没落。

其次要积极参与到全球化的进程中去，提供更充分的多元文化的交流和融合，加强尊重的文化习惯，尊重不同信仰，尊重不同宗教。

第四十二节　百家争鸣

互联网提供了我们发表见解的自由空间，虽然能被什么人看到那是个未知数，但至少我们有机会能把话讲出来了，没机会讲出来，你的想法肯定是无人知道的。

网上说话，你虽不能保证有什么特定的人能看到，但感兴趣的人看到会有所回复，而且这一功能随着软件的发展越来越丰富越来越精准了。微信、QQ、微博、youtube、linkedin……

网络给个人提供了一个从没有过的交流平台：一个真正百家争鸣的机会！

很欣赏春秋战国时的百家争鸣，自认为那时的正面影响源远流长，远胜于后来数千年间由于缺乏足够的表达意见的方式采纳意见的机会，整个社会局限于权力争斗，王朝更替，骄奢淫逸，老百姓很落寞挣扎，至于科技文化自然没有实质进步，最后遭人耻笑被动挨打。

真理是愈辩愈明的，有百家争鸣，才有百花齐放。“焚书坑儒”可能是对中国有活跃思想有独立人格的人群的一次毁灭性打击，意见不同，我就杀了你；你比我还懂得多，比我还有道理，老有些奇谈怪论，那我就杀了你，天下一统。

中国有句古话：“枪打出头鸟。”这就是告诫大家要随大流不要太另类不要创新要保守，这种文化氛围需要改变，需要学会尊重提倡百家争鸣。

中国现在强调提升创新能力，但如果没有尊重百家争鸣的基本气氛，如何能够有更多的人能独立思考，如何能够进行所谓的创新呢？

各人所站角度不同，许多观点往往没有绝对的对错，辩论在帮助人思考，交流提高了人的思考能力，交流让每个人的局限与狭隘更有机会被发现和改正。例如，讨论也能增强人们换位思考的能力；光说不练许多能力都无法具有，思考的许多能力也是需要不断训练的。

百家争鸣，把思想说出来，这才是活跃思想，保障创新与进步的必须途径。

第五章　婚姻，性与情感

Marriage, sex and emotional things

第一节　婚姻的理论

如何选择适合你的爱人呢?

我们先将一个人的状况分为如下九种要素：

1. 价值观；
2. 智慧度；
3. 体能、健康、身高、年龄；
4. 外貌；
5. 学历知识；
6. 家庭文化背景；
7. 相互性格匹配程度，喜好相似程度；
8. 浪漫经历与情愫（即所谓已有多深的感情)；
9. 财富度。

与恋人是否适合结婚，取决于对方是否满足你所期望的最主要的三个要素。

你想清楚自己最在乎的三要素，一旦女友比较符合，那她就适合与你结婚成家，你们的婚姻就应该会比较幸福美满而又稳定。

首先，我们强调你的选择只能要求三个要素，要求要素过多你很难找到合适伴侣！老找不到伴侣，在多年失望之后，随意找个人成家，则对人对己都不负责任。其次，你选择了三个要素，要能主动自觉降低对其他要素的满意度要求，就是主动接受对方的所谓缺陷。最后，你需要确实考虑清楚那三个要素是你最在乎的，自己都没想清楚那以后后悔是必然的，家庭必然矛盾不断。

价值观是婚姻的重要的基础，否则即使曾经热恋婚后也很容易经常产生巨大分歧。价值观比较相同相互就容易包容。不考虑价值观因素，婚姻选择很容易变成简单外在客观条件的选择。

智慧度，这也是个主观要素。它对以后双方沟通很重要。它与一个人的学历与知识是两个不同要素，没有必然联系。有可能熟读了很多，但读死书，没啥智慧；也可能学历不高，但人很智慧。

体能、健康、身高、年龄，这是把几个点综合为一个客观要素。

外貌，这虽然作为一个重要的客观要素，但人对外貌的认识却很主观，而且随时间人的外貌可能很有变化。你一旦将此作为三要素之一，那么你就得面对放弃对其他要素的要求。

学历知识，当你基本不会判断一个人的智慧度的时候，你只能将此作为一个替代的衡量。

家庭文化背景，这也许就是所谓的门当户对，但它可能侧面反映深层的价值观与双方的生活模式。这是一个偏客观的要素。

相互性格匹配程度，喜好相似程度，性格匹配不是指性格相似，性格太相似可能并不适合结婚，例如，两个人都太浪漫主义；两个人都太现实主义；两个人都太乐观主义；两个人都太悲观主义。或者，两个人都过于理性；两个人都过于感性；两个人都是指挥命令型；性格太相似容易引起矛盾，相似的性格也容易让生活缺乏丰富的变化与相互吸引，会产生疲劳与厌烦甚至强烈排斥心理。

浪漫经历与情愫，如果恋爱已经感情很好，经历很多。这自然是很能说明问题的客观要素。

恋爱谈不下去的太多了，能够相守说明了很多问题，肯定不是一时热情冲动，而且两个人也都有了比较好的相互了解，更能相互适应与改变。

但这一要素并非建立婚姻所必需的，婚后也可以培养感情，就如以前包办的婚姻肯定也有相当幸福的家庭，虽然竟然是媒人和父母做了要素的实际选择人。

财富度：这是一个客观要素。但这并不简单定性为拜金主义。个人或家庭能积累多少财富也侧面说明一些问题，当然，现有财富肯定也对近期生活质量很有关系。但，你一旦将财富度作为三要素之一，你选择其他要素的机会可能就大大减少了。

上面是建立婚姻的理论，这种要素理论偏理性，更适合由男子与双方家庭来考虑，恋爱期女子偏感性，往往遵从强大的直觉，即是否相爱，理性成分很少！而且，如果女子过多考虑所谓理性要素，自然会缺乏美好浪漫的爱恋感觉。

什么是维护婚姻的艺术呢？学会相互包容，并给予对方足够的空间。

如何自觉包容对方不足呢？举个例子：假如你选择了对方的外貌＋财富＋家庭背景，对方很可能跟你没啥共同爱好，很可能价值观很有不同，那你不能怨天尤人，必须欣然接受，因为你选择了其中三要素，你必须主动妥协其他。

如何给予对方空间呢？夫妻也要学会保持一定适当的距离。没有适当的距离，爱很自然就转化为厌恶甚至憎恨，这是心理学确认的人的本能。（详见下节《距离感与两球理论》）

夫妻不应该潜意识里觉得可以完全拥有和支配对方！给予对方由衷的尊重和自由是一种很大的信任，没有信任如何谈得上爱呢？所以给予空间对维护感情，保持吸引力新鲜感，维护婚姻的稳定，有着意想不到的重要作用。

有人说幸福的夫妻一定具备三个条件：1. 完美的性，2. 共同的利益，3. 共同的话题。

我的理论是：给予对方适当的空间；给予对方足够的尊重，包括尊重隐私、习惯、朋友；给予对方足够的爱。爱是不计回报的给予。足够的爱包含丰富多彩富于变化的生活。

第二节　距离感与两球理论

距离感：两个客观的人都会存在心理上的距离感。陌生人之间会有距离感，朋友之间会有距离感，其实，夫妻之间，亲人之间都会有这种心理距离感，只不过可能距离感比较小而已。

我们认为：

第一，距离感不是越小越好，人与人之间有距离感是正常的事。例如，希望夫妻间完全没有距离感、心理距离的想法是错误的。

第二，人与人的距离感不是单向的一直缩小的，而是双向变化的。例如，一对男女从认识恋爱到结婚是距离感缩小的过程，但也会由于矛盾冲突或时间因素而使距离感加大，朋友的关系也是如此。

第三，保持适当的距离是人与人之间关系良好的一个关键，这也同样适用于包括夫妻关系在内的所有人的关系。

较大的距离感配合其他相应要素会产生较强的吸引。俗话说，距离产生美。

两人距离感过小，则一定会有一个人首先产生心理上的强烈排斥，例如夫妻之间如果一个人首先产生了强烈的排斥，而另一个人还在强烈吸引之中，你可以想象会引起多大的矛盾，就像妻子热烈地希望分分秒秒都与丈夫在一起，但突然发现丈夫在躲避自已，那她肯定会认为丈夫不爱自己了。

如何保持适当的距离？如何去调节这个距离呢？我们下面通过两球理论来试图形象地予以说明。

两球理论：我们把每个人的自我都用一个球体来代表，那么，两个人的关系就是两个有所接触的球体，两个人的距离就是两个球心的距离，调节人的距离感就可以被看作是调节这两个球的球心的距离。两个人认识就是球有交融，球心距离已经不远，但离得越近排斥力会越强，随着距离缩短排斥力会急剧增加，所以，人有太强的排斥了就该拉大距离，人有吸引就自然缩小距离。

这个球体，包含每个人的自我价值与个性习惯，由于每个人主观意志强弱不同，球体也可能大小和内涵都有较大的区别，例如，**夫妻主从型家庭，两个人的球体一个人的明显较大；而夫妻平衡型的家庭，两个人的球体大小差别不大**。当然，每个人**不同时期主观意志的强弱也会有所变化，所以球体大小也是变化的**，不是一成不变的。

注意必须是两个球，如果一个球覆盖了另一个球的全部，那被覆盖着一定就丧失人性甚至自尊与自我，这是极其不可取的关系模式，对于夫妻之间好友之间尤其要注意保持适当的距离，甚至避免一个球覆盖吞噬另一个球的大部分，因为覆盖过大部分的过程往往会遭遇激烈反抗，产生痛苦与矛盾。两个球体学会适时主动地有意识地调整适当距离是稳定家庭的艺术，也是保持友谊的艺术。

第三节 夫妻情感

夫妻情感：

夫妻情感需要维护和培养是肯定的。

夫妻有相敬如宾型，如胶似漆型，夫唱妇随型，话不投机型。新婚伊始和多年夫妻各不相同，有的多年争战，最终老来相濡以沫；也有的海誓山盟热恋一场，婚后突然决绝分手。

但大多夫妻在结婚了七年十年之后，相互的爱意早绝，能有些敬意就很不错了。

大都有短暂的悔恨当初，或憧憬着冲出围城，日久生厌话不投机更是司空见惯。

可叹多少浪漫少女要预见得了这些景况根本不会结什么婚吧，世事如此竟前赴后继，不然地球岂不绝了人种……

大多夫妻没了爱意，又是生活得那么近的贴心人，相互的伤害也总是那么深，深入肌骨；要少一点相互的伤害，就得理智地保持一点夫妻间的距离。

曾经的爱意有时竟转为了极为不懈的蔑视，人会迷失自己，人总会认为自己是对的，但人却不可能总是对的。

夫妻间的审美疲劳：

正如人长期生活在美景中，就会对美麻木一样。夫妻之间也存在审美疲劳。

多年的夫妻，即使太太再如花美丽，夫君再庄严伟大，时间久了，都会忽视对方的优点。

“相看两不厌，唯有敬庭山。

所以，夫妻两人都要主动学会保持相互的新鲜感，保持相互的自然吸引。

中年夫妻的困惑：

中年夫妻特有的困惑是，多年夫妻恩爱，渐渐会有审美疲劳与麻木感，人类喜新厌旧的本能自然使一方很容易有婚外恋发生。

中年人，上有老人，下有孩童，生活中其实有着巨大的责任，有着责任和表率作用，与配偶之外的异性耳鬓厮磨一下，真的很难说是浪漫，是爱，还是堕落犯错或迷失自我，这种爱到底是获得还是丧失？只能让每个人自己去衡量了。

第四节　配偶或恋人容忍度

随着男女年龄超过 24 岁，男女的各种价值观念不仅基本形式，而且价值观念的细部，及其物化形式更为具体和细致，这就客观上更强化了形式，他们对不同事情的喜好偏好，不同生活产品与物质的喜好偏好。这客观上，加大了 24 岁以上男女之间交友、恋爱、结婚的难度。

换个角度，往好里说就是男士女士都更理性了；往不好里说就是他们更狭隘了……

这也更是人们二婚的婚姻满意度往往不高的原因，也因为生活充满着以往的习惯的投影和映射。

所以，24 岁以上才开始的相识、相恋、成婚，要更强调包容和宽容，磨合和适应。

学会欣赏对方，甚至是学会接纳甚至是欣赏对方的所谓缺点，因为没有这些“缺点”，他/她的那些优点往往也不可能存在！

第五节　家庭类型与夫妻分工

我们按照夫妻对家庭的责任分工划分出三种家庭类型：

H 型，男主外女主内型。妻子基本有着对丈夫的崇拜，基本承担所有的家务事宜与决定；丈夫负责挣钱及被喂养。中国：20%，美国：60%，日本：80%。

HW 型，男女分工模糊型。妻子丈夫的家庭内外分工相对模糊，或称平等，当然实际上的绝对平等是不存在的，倾斜度在±20%以内就很好，双方都各有擅长，又都有特别不愿意做的事。中国：70%，美国：30%，日本：10%。

W 型，丈夫弱势型。妻子的家庭内外主导性均很高，丈夫相对服从性较高。据说上海男子比较这样。中国：10%，美国：10%，日本：10%。

一对恋爱成家的人，不要说爱恋初期不会主动意识到自己的另一半是否会适合成为自己向往的夫妻关系类型，成家初期也不会太有意识或明显的区分，而这种家庭类型往往在结婚后随着时间的推移而必然会形成和稳定，而且最终形成什么类型家庭，有一定必然性。

夫妻在家庭的责任分工是一个双方磨合，逐渐适应而形成并达到相对稳定的。夫妻两人的责任感是不同的，夫妻两人个性方式也不同，夫妻双方在家庭中工作中社会中的地位也随时间变化，日渐不同，分工逐渐清晰。夫妻分工的过程也是夫妻相互改造与适应的过程，包括每个家庭都会有的争吵与矛盾。夫妻两人的性格与生活习惯会受到父母的潜移默化的影响，这在他们自己成家后也会在家庭磨合中体现出来。

一个家庭责任分工的好与坏往往决定着一个家庭的长期稳定性，家庭的幸福，分工本身也构成了一个家庭的主要特色。

家庭中的责任有夫妻间的相互责任，但家庭中更大量的是两个人对孩子的责任，有了孩子以后才使一个家庭突然产生了大量的责任，需要两人大量的付出，这也使家庭责任分工变得特别迅速，两个人必须要对许多事务有所分别负责，孩子使一个家庭真正完整起来，**家庭即责任，家庭即付出，只有付出，家庭才会充满爱，是爱的港湾**。

第六节　两性的根本区别

两性的**根本区别**体现在这几个方面：**爱，感情，性，家庭**。

性使生育成为可能，婚姻使性伦理化合法化，产生家庭，拥有孩子。

因为男子女子生理结构与天性不同，在男女交往、婚姻、家庭中的角色不同，对同一事情看法往往有很大区别，就像两人在看同一张纸的正反两面，两人都看到这张纸而且超级真实，但两人都有局限性，又很难站到对方的立场来看。具体举例如下：

例一　男子婚前对身体接触更在意其象征意义；女子则婚后更在意身体接触的象征意义……

例二　女子婚前更浪漫；男子婚后更浪漫。

由于生理的特点，女子成家后生育后可能会变得更现实，但结婚与生育对男子的客观影响要小得多。

例三　男子认为事业家庭更重要；女子认为感情婚姻更重要。

换句话说：女子为了感情可能毫不在乎事业，为了新的所谓理想婚姻可能断然放弃老的家庭；男子为了事业往往不会去追寻一份浪漫感情，为了家庭，绝不会去重搞一次更完美的婚姻。

例四　男子会把性与感情和爱分割开来，女子往往会把性看作情感成熟的结果，也许是有完整情感的必需，而男子则完全不这样看。

换个说法：女子视性为爱的标志，婚后没有性就认为没有爱，或丈夫变心了；男子一般将性与爱分离，爱一个人不一定需要性，与性无关。

例五　男子会把家庭更重要的成分看成孩子；女子会把家庭更重要的成分看成丈夫，尤其在孩子们渐渐长大成人以后。

例六　男人的浪漫与女人的浪漫。

男人易浪漫于世界；女人易浪漫于男人。女人浪漫的极致才会至于身体，男人的浪漫却往往与身体无关，更与理想权力财富有关。

所以有点这个意思：女人造就了男人，造就了家庭；男人创造了世界。就像鸡生蛋与蛋生鸡的关系一样，是一对耦合，没有孰轻孰重，谁先谁后。

东西方文化中传统的家庭更多是：男人要多挣钱养家，女人要教子管家。

第七节 性及男女的性特点

性是所有人生命的基础，是最真最纯和最好的东西之一，但人们也对她有无尽的诅咒和曲解。对性避而不提，但在行动上却相当积极是中国文化的一个特点，例如年轻皇帝的早亡。

对人类而言，性是为了享受，是为了爱的交流与表达，还是为了生育？是为了爱，还是性同时也制造了爱？性也是一种交流和了解的方式吗？

性是人类在理解及行为上冲突最大，也最敏感的问题。性是伦理学的核心问题。

性会让人觉得特别需要它，往往远远超过人的正常需要，甚至让人本能地认为越多越美好。

性是大脑产生的，但显然不受大脑清晰控制。

性也如同舞蹈一样，是一种身体语言。

男女的性特点是不同的：青年时男性更易有冲动，30 岁以后女子更易有性冲动；女子的性欲是慢热型，来得慢去得也慢，而男子的性欲是简单直白，来得快，去得也快，所以男性不可太含蓄，一味要求时间长，对身体不利，应顺其自然；相对而言，女子性能力要远远强于男子，无论是频率还是适应能力。

第八节　性爱，繁殖与遗传

如果我们能暂且跨越各种文化下的伦理与道德，简单的思考性爱与繁殖，你就会简单地看到人的性爱与繁殖，与人基本的吃穿住行的要求一样，是最基本最正当的要求，是基本的生存权利的保障。

性爱，又自然，又美好。物质上使生命延续成为可能，精神上满足需要感和被需要感；科学上是一种伟大的创造；理法上更制造出伦理、爱，引申出娱乐、社交的主旋律。

古今中外，警世伟人和凡夫俗子太多都向往重生永恒，但这重生永恒离开了性爱就成了无稽之谈。

人类的性更多是一种本能的冲动，而不是主观的理性控制行为；爱也是如此，就像人说："爱你没有理由!"

性满足必须包括两种:·肉体的满足和精神的满足。有人会把性满足只看作是一种肉体满足，这是完全错误的。

性爱是繁殖的必需条件，虽然许多人更倾向于把性爱与繁殖割裂丌来，还有许多人更注重性爱的情感因素和娱乐性质。但也有排斥性爱娱乐性质的，例如禁欲主义者；甚至也有排斥避孕措施，坚决反对流产的。许多严肃的科学工作者认为克隆生命有悖伦理，甚至会导致人类灭绝，因为今天的基因遗传理论还非常有限，克隆人类生命本身脱离了人类的性爱，很有可能让人类失去了最重要的东西，违背自然就可能为自然所抛弃，比如产生人类基因疾病或基因缺陷。

人的繁衍具有遗传性，其中有一些特别的遗传规律。

现在的遗传规律主要被基因理论所解释，这一点应该是远远不够的。正如人类对自身的了解还非常不够，基因理论也对遗传规律不能做比较充分的解释，我们将在下面两节对人的身体和精神的遗传规律做一些探讨。

第九节 人的遗传规律

AB两组特征性的遗传规律：

我们认为人有AB两组相对的遗传特征，如果孩子的A类特征来自父亲，那么B类特征更会主要来自母亲，反之亦然。

A类	B类
1. 眼鼻口	耳朵
2. 脸型	身高，体型，骨骼
3. 皮肤质地	皮肤色系
4. 思维方式与习惯 A. 0—12岁 B. 12—24岁	性格类型，语言，记忆能力 体质

这个遗传性AB组分类特征在混血婚姻中的第二代身上体现尤为清晰。

性别的遗传规律：

未有流产经历的一对夫妇，如果第一胎生儿子，则说明母亲更具有综合的遗传优势，并且儿子从身体到思维更像母亲，即A类特征。

如果第一胎生女儿，则说明父亲更具有遗传优势，并且女儿从身体到思维更像父亲。

第十节　性格类型的遗传性

我们认为人的**性格类型**是**先天性的**、**基因性的**，是超越后天教育和家庭影响的，是超越道德和价值观影响的。

例如，获得型和付出型，即所谓自私，还是博爱。有一类人对所有的人都很善良、仁爱，不喜欢激烈的竞争，而这种性格显然与教育没关系，因为他的儿子也是这样，而且风格与方式非常相似。如果说儿子十几岁以后跟爸爸这种奉献个性相似，那么我们很容易讲这是一种家庭熏陶，但儿子在三五岁的时候就是这样，你只能说是天性。

有些被看作自私的孩子也是很小就如此，而且表现方式像父母一方。

如果我们把这种博爱与自私更看作是一种先天因素，一种遗传习惯，那我们就不能简单去讲一个孩子的博爱或自私是一个道德问题。我们对于孩子的教育就更应该去思考如何平衡这种遗传因素，而不是简单地表扬博爱，批评自私，像对待成年人那样。当然，成年人也一样有这种先天因素存在：博爱的爸爸们可能只是天性如此，没有什么太值得骄傲的；自私的爸爸们可能也只是天性如此，没什么可耻的。博爱与自私只是一个自然分工，自然现象而已。

这一点我们在另外一种相对性格上更容易接受一些：服从型与命令型。服从型性格的人往往对人更和善，而命令型性格的人往往对人更具有侵略性，这两种人是自然存在的，往往不受教育影响，不受家庭影响，而只是遗传于父母一方。

第十一节 欲 望

欲望就是人将精神或物质的目标据为已有的想法。

如，实现一个理想；如，拥有十吨黄金，拥有无上权力，拥有美色、拥有美食，拥有名声，拥有智慧。

欲望是人的一种本能本性，是最正常不过的东西。

欲望过度，成为贪欲；欲望过少，则清心寡欲或不思进取。

从小就听单田芳的评书，他反复重复的一句话对我印象深刻：酒是穿肠毒药，色是刮骨钢刀！

哈哈，从小就反复研究，仔细揣摩，深觉有理，虽然今天大家一般都会觉得这句话太过搞笑和死板，但我相信人的欲望是好的，但贪欲是需要控制和约束的，无论是物欲，还是肉欲，还是权力欲望；无论是女子对自己美貌的过度追求，还是男子对漂亮女人的过度追求，也包括人对自己工作品德的过度完美的追求。

学会一定程度上理性地限制自己的欲望，可以使自己健康开心，也能带给他人轻松和愉快。

第十二节 坐怀不乱

坐怀不乱是一个关于人性、性与情感伦理的高度有趣的实验。

坐怀不乱也是一种很特别的身心体验，考验和测试人的理性与感性。

假设一对适龄的男女，能有一方做到坐怀不乱吗？

在身体高度的亲密距离之下，人的性欲更能突破理性精神的约束，还是人的理性能够控制身体本能的冲动？

性欲本能会突破任何所谓伦理道德的阻碍吗？

人有多大概率能够坐怀不乱，也是一个非常有趣的实验。

假设这两个人之间根本不认识，没有任何情感存在，也许更好控制。性欲本身有独立于情感的部分，就是说即使两人完全不认识也会产生性欲的，特别是一些特定的诱惑情形，例如，坐怀不乱。

性欲本能和控制理性都应该是人性的重要组成部分，那么一个人这两种力量哪个更强大呢？我们认为一般人都是无法控制性欲的，性欲的本能性与不可理性控制才造成了人类的正常繁衍与发展，过于理性对人类是灾难性的。极少数特别理性的人也许能做到坐怀不乱，但这些人其实是非常危险的，并无丝毫光荣可言。反自然的事违背人性。

人性解决自身的尖锐冲突与矛盾往往都是凭借本能做出的，而且大多数情况也根本没有给人理性思考的时间。

第十三节　关于荒淫无度的讨论

淫，即过度，过度地满足自己的欲望叫作淫。

淫，并不光是指性欲！但本处不妨就性欲谈谈。

纵欲过度，会导致轻视感情、友谊、家庭、伦理、道德等等；导致身体虚弱；导致智力下降；导致犯下重大错误，甚至死亡。例如，杨贵妃、李后主等的故事。

过度的性爱是可耻的，它是一种对生命的浪费。

没有情感的性交也是存在的，人有动物性的一面，也称兽性。

乳房是人类哺育生命的器官，今天竟然在东西方文化中都被娱乐与糟践，实在是人类的悲哀。

第十四节 裸露的需要

人的身体和精神都有极强的裸露的需要。

人需要感知自我的存在，也有与他人交流的本性冲动。

当你坐在一面大镜子面前，裸露全身，你会清晰地注意到你自己……

手脚肩颈腿腹胸，你会明白，你的身体对你是那么实实在在的，而不是平日里被各式衣装包裹的千奇百怪的你，面目全非的你……

与身体裸露相似，一个人的精神的，或思想的裸露，也是一种自我感知与交流，而且更丰富和全面，形式也更加多样。精神裸露也是人的基本需要之一，就像人有时会想要特别安静的环境，有时又想热闹的环境。精神的裸露，包括交谈、写信、日记、社交或眼睛肢体语言沟通等等。

人需要把自己表达出来，这就是精神的裸露。

裸露自己的思想，沟通才没有障碍，才容易被他人了解和信任，人与人之间才会没有那么多的防备。

裸露自己的思想，才能更容易把自己的缺点发现，才更有机会提高自己。

当然，如果一个人自我包裹太多，或包裹极深的人，一定也有他的特别之处，而且不能说这个人就是心理阴暗，不裸露也是人的一个本能。

身体其实是很难被人自身强烈而清晰地感知的，人会习惯性地忽视自我，下面一些情形人会强烈感受到自我，但你一下子就发现这些情形都是很少发生的。例如：1. 照镜子；2. 做爱时你能清楚地感觉到自己；3. 生病；4. 自我与自我的专注思考；5. 被人重击一下。

这 5 种情况都是偶然情况，是很难得发生的，所以人身体自身很难被自身感知！常常会被人自我加以遗忘！人体也是通过疼痛、生病来提醒人们自我身体的存在和需要的。

身体裸露也是人的基本需要之一，这可以让你了解自己；也可以使自己被他人了解与接受，例如，恋爱、握手、拥抱、做爱、生育……

精神世界的感知更是复杂，人的喜怒哀乐、爱恨情仇……

朋友交往，如何了解，相互信任往往不仅仅是时间长就会了解多，想要多了解对方就要学会主动地适当地先袒露自己，别人了解你了，才可能增加信任和表达。学会裸露自己的内心世界，学会接受他人对自己的表达和裸露会避免误解和不信任，对每个人都意义重大。

综上所述，身体与精神的裸露，其实是每个人都不可避免的，其实就是很正常和健康的一种自我感知与相互感知方式，是人在交流的冲动下的一种自然表露。

我们不仅要学会正常地健康地裸露自己的身体与精神，也要学会欣赏和接纳他人身体与精神的裸露。

第十五节　身体接触

两个人只有拥有相当的信任，才有可能进行全面的身体接触。

身体接触也会发生在一个人非常期待另一个人更了解自己的时候，接触会增加信任。

身体接触的意义是超越时代超越文化的，可能因为远古人类也都本能地保持着安全距离吧。

身体接触多种多样：握手，拍拍肩膀，浅度礼节性拥抱，深度拥抱，爱抚，吻额头，吻脸颊，唇吻，男女交欢……

以接吻与拥抱为例，你会惊讶地发现，中国传统文化中接吻和拥抱是几乎不存在的，无论是父母与孩子之间，还是朋友之间，这也许反映人与人之间安全距离较大。

07 年底，我刚开始打网球，不明白打出好球搭档会相互击掌表示庆贺，我的美女搭档突然愉快地与我击掌，我虽然也本能地配合伸手击掌了，但当时还是很受心灵震撼：因为很少有美女主动要求跟我有任何身体接触啊。

适当适合的身体接触，其实很容易帮助和加强信任，减少距离与隔碍，比如，握手，拥抱……

身体接触是人的意识与身体之间最直接的互动，简捷而深刻，简单而又强烈。身体接触也是一种艺术，可以高洁也可以污浊，一种丰富的交流方式，远远不是语言与文字所能描述和替代的。

第十六节　拥抱的优越性

拥抱的优越性首先在于它不带来痛苦，不像爱情总是欢娱带着痛楚。

拥抱很优雅、大度、直率，拥抱几乎都是给予，没有索取。

谁会为了一个温暖亲切的拥抱去责怪你呢？

所以，拥抱不仅适合两人场合，也适合于大众场合……

其次，拥抱不连带多少责任义务，

面对拥抱，你可以微笑、大笑，你也可以心底浅笑，或者找个理由轻声抱歉拒绝："对不起，我感冒了。"

拥抱种类繁多……你懂的……

拥抱很卫生，而且拥抱不伤身体。

第十七节 异性吸引的艺术

我们是如何被异性吸引的？我们又该如何更有效地去吸引异性呢？

什么样的异性会吸引你？对你有特别的吸引力？这往往不是一个人能简单明白的，对方的言谈举止、容貌，或者其他人格魅力，有时只是潜意识直觉。

如果我们把女子的魅力用内在与外在进行区分，那么身体的优美和举止的优雅就是外在，思想的睿智和心灵的仁爱就是内在。

如何更有效地去吸引异性呢？最重要的就是：自然真诚，谁愿意跟一个骗子打交道呢？

真诚地展示自己的内在与外在的优点，也不要隐瞒自己的缺点。具体技巧可以参考第三章第二十八至三十一节《沟通的艺术》。

例如，女性在与男性的交往中要注意充分了解和充分互动交流，不可以只按照女性自己的单方面想象来要求和设计男人，要相互给予宽容的空间，给予对方自由。

认识一个人的过程就是要能发现他的优点，欣赏他，同时也要能看到他的缺点，接受这些缺点，甚至学会欣赏缺点，因为没有这些缺点他可能也就不可能有那些优点，学会完整地接受一个人，这个人才会被你深深吸引，才会接受你。

吸引异性更要注意鼓励和赞美对方，得当和优雅的赞美是种吸引的艺术，相反，笨拙的赞美就只能让对方尴尬甚至厌恶了。赞美更是一种正面的沟通，比两个人刚刚认识就进行理性的批评要好得多，因为即使你的批评非常中肯和善意也很容易被当作是敌对，带来排斥。

第十八节　论人性

人是最复杂的，最丰富的，这也让我对人性和人的心灵性格非常好奇，也让我对特别有个性的人特别尊重热爱和敬仰。

人性有许多共性，又有许多特性，我期望找到其中一些规律。

例如，人跟人都有排斥，又都期待亲近，我想这就是为什么人跟人之间总是在爱恨情仇吧。人群也有敌对，所以人类社会总是在和平与战争中徘徊。人性有危机意识，所以人类总会有即将被灭绝的预感和恐惧。

人性应该是本能的，非理性的，而人又本能地期望通过理性来追求完美，这就造成了一系列现实生活的深刻矛盾。所以人的现实生活不能太唯美，工作生活感情都是如此，过度唯美只能带来更多不满和痛苦。要能从平淡的生活里看到不平淡的光彩。对爱人不该苛刻，而应该包容，包容才会给自己一个温暖的家。

人性有坚强的本能，但人性也有脆弱的本能。人是不完美的，所以该尊重人性的脆弱。

人性有获得爱的需要，也有给予爱的本能，要尊重这种本能。

不要给予自己爱他人的一些不必要的限制，也不要对他人给自己的爱一些不恰当的排斥。

人是最复杂的！我相信每个人要有自己的原则，特别是大原则！但要轻松生活，在复杂模糊的时刻，一般要听从自己的心，当然做人的大原则需要牢记在心，这样才能不后悔，做事才能有连贯性，对自己负责，不虚度此生。

总是违背自己的心，甚至说假话，做虚伪的事会很累，更会自己瞧不起自己。

人性更是直觉本能性的，而不是理性的。理性有反人性的一面，人性本身也不是完美的，但我们应该尊重人性的感性，就像我们都需要自尊。

第十九节　什么是爱

爱就是不计回报的付出。

父母对孩子的爱是这样的比较容易接受，但爱情是这样吗？人们不是说爱是相互承诺，互许终身吗？那我们看到那些认为爱情就是爱一个人一定要得到对方爱的回报的人会碰到太多问题，简单地说，这也就是为什么现代社会离婚率越来越高的原因，因为两个人可以觉得是相爱的，自己爱的付出是得到充分爱的回报的，但是，这个时间不可能长，两个人恋爱或成家以后他们有太多的时间太多的机会去觉得对方没有给自己对等的爱，那么爱就变成了交易，当你认为爱情是需要回报的时候，你的爱情迟早会碰到问题，不是你觉得对方不够好，就是对方觉得你不够好，因为绝对对等在逻辑上也不可能，更何况两个人的情感会是多么细致和充满变化啊。

爱是需要智慧和双方共同努力的。

爱一个人，尊重对方是基础，只有尊重对方才能使自己的爱变得强大起来。

爱一个人，更是双方的沟通，例如，恋爱中，只是一方的一味追求，对方完全拒绝，那么这种爱就是骚扰了；如果一方过于投入，也会让另一方觉得爱已经成为负担。

爱一个人，就要学会欣赏他的缺点，并接受他的一些缺点。因为没有这些缺点，他的优点可能也无从得来，而且人无完人，逻辑上一个人也都会有缺点的。

爱是无偿付出，**但爱不是无条件和无限制的付出**，不该给的也给他就是对他的伤害，这是爱的困难之处，也是爱的艺术所在。

爱是人们与生俱来的，无论是亲情、爱情，还是朋友之爱，无论是对自然美景的热爱，还是艺术创作的热爱。爱是人的一种本能，人天生就有强烈的付出的本能，让我们享受它，并更好地运用它。

第二十节 爱与束缚

爱与束缚初听起来毫不相干，但在现实中却几乎从来形影不离。可以说难分你我呢。

这里所谈的爱是广义的，包括各种形式，例如，夫妻之爱，父子之爱，情人之爱，朋友之爱，师长之爱……

孙悟空对师傅唐僧的爱：孙悟空给他画地为牢，希望保护唐僧不受美女白骨精的伤害，但这种约束对于唐僧来说是无法忍受的，而且他慈悲心肠，面对急需救助的美女，他不可能不走出束缚，前去做所谓的善事。

孙悟空的爱，对唐僧来说就是绝对的约束；唐僧对美女的爱其实是对自己的伤害。

很多一厢情愿的爱，如果不能充分考虑对方，这爱很可能就只是对对方的束缚或者伤害。

例如，父子之爱，如果过度了，就叫溺爱，就成了伤害。

夫妻之爱，如胶似漆，形影不离，听起来都是美妙无比，但如果一方长期地追求这种过度的如胶似漆感觉，而不考虑对方的感受，那么对方可能已经觉得幼稚和不可理喻，被对方认为没有理想事业心，对方也觉得被限制了自由。

情人之爱：看起来是浪漫，但很可能只是对自己对他人的伤害，特别是距离太近的话。

老师对学生，如果指导过多，教导过细，可能反而让学生不会独立思考，限制了学生，限制了学生的思维想象力及潜能的发挥，限制学生训练和形成自己的特别才能。

所以当一个慈悲者用一个善良的心关爱大众时，也不妨微微思考一下，自己的仁爱是否会限制大众自食其力的能力。

让我们都特别注意，不要让我们的爱变成了束缚，变成了伤害。

第二十一节　亲情，友情和爱情

亲情，最稳固最温馨最恒久的一种强烈感情，又丝毫不缺浪漫与炙热。

友情，君子之交淡如水，没有任何契约关系，轻松活泼，随意而且不需要理由，不管是变得更浓或更淡。

爱情，最活跃，但最不稳定，最容易产生伤害的感情，但它最能使人成熟，也最容易让人失落。但爱情的性别理解差异性极大，换句话说，男人和女人理解的爱情是非常不同的，举例如下，女子谈恋爱，只有她认为爱情很充分美好，她才自然会涉及性，才会对男子有性的信任，性的激情。**如果婚后因为什么原因跟丈夫完全没有了性爱，那她会认为就不再有爱情了**（婚前听起来很浪漫，婚后听起来很不浪漫）；**男子对爱情的看法非常不同，爱情跟性基本没有关系**，好的一面是没有性也可以有爱情，不好的一面就是没有爱情也可以有性(前者听起来很浪漫，后者听起来很不浪漫)。

第二十二节　朋友是什么？

朋友是什么？古希腊伟大的诗人荷马说过："真正的朋友是一个灵魂寓于两个身体，而两个灵魂只有一个思想，两颗心的跳动是一致的。"人的一生，可以没有金银财宝，也可以没有高官厚禄，但不能没有朋友。

有一种朋友是儿时的，一起玩玩泥巴，一起过家家，一个故事两个主角；

有一种朋友是同学，不管你是否在操场上聊天，不管你们是否一起开心大笑，共同成长的日子太真实，太美妙了；

有一种朋友是同事，每天共处一室，共同努力，有摩擦也有默契；

有一种朋友是知己，不曾朝夕相处，不用经常联系，但你最需要的时候知道他最适合交谈，你最痛苦的时候对他不需要遮掩。

朋友有很多种，嘻嘻哈哈的交道朋友容易，真诚友好的朋友难得，“君子之交”更是高雅而稀少。朋友相处首先自己要热情宽容，不夹杂利益，朋友之间才能轻松愉快不落俗，不让人感到负累。现代都市里人和人的交流变得似乎越来越难了，“利益共同体”的朋友越来越多，但这些朋友比较负累，朋友之间很难真实自然，敞开内心。朋友之间应该让自我有一个释放，朋友即使是在通过虚无的网络也该有实实在在的信任与真实。

第二十三节　为何要有新朋友？

一个新朋友能带给你一片新的世界，一个新的视野，让你的生活拥有可能无法拥有的快乐。朋友即社交，朋友在精神上，可以让你见识不同的生活方式；看到世界丰富多彩的地方；赶走寂寞和孤单；朋友的话语和行动，很能激发你的灵感与潜能。

客观上，朋友们是相互帮助的，你可以从朋友身上学到很多，朋友犯的错误，你知道了往往就不会再犯，年长或经验丰富的朋友也能教会你一些有益的经验。

当然，所有上面提到的朋友的好处都可能变成不好的，交友不当你会去做坏事，养成恶习，浪费了时光。朋友交往要尽量避免简单地以物质利益为纽带，朋友之间要懂得保持相当的独立性，给予对方空间就是给自己空间，太亲密的友谊容易不能长久，彻底无话不谈不仅是不可能的，也是没有必要和错误的。朋友跟工作、家庭也会有矛盾，要学会权衡。

朋友有共同的兴趣爱好类型的，也有性格相似共鸣的，也有个性不同但强烈吸引的，也有共同经历成为朋友。同性朋友容易轻松交往，异性朋友也能带来不同的经历。

当然人也都是变化的，就像性格不是一成不变的，人的情绪更是多变受环境影响的，朋友有来也就有去，有老朋友的淡忘，也就有新朋友的吸引。

朋友的交往是相互的交流，也是相互的改变；朋友的交往有可能轻松愉快，也可能一波三折；友谊有可能循序渐进，也可能一见如故；友谊的热度有可能相当对等，也可能一边倒；朋友有可能一直非常共鸣，也有可能只是偶然特别开心。

朋友也不是越多越好，让我们学会珍惜朋友，享受与好友在一起的美好时光。

第二十四节　尊重朋友

朋友会相互了解很多，我们要**尊重朋友的隐私，尊重朋友的人格，尊重朋友的特别之处**。

我们不管是对一位初次见面朋友，还是多年的好友，我们了解朋友的思想，他的精神世界，他的思维方式，他的价值观念，那些他个人最独具魅力的东西，特别的东西，我们一定要尊重这些，是成为朋友我们才有机会这样了解，但我们绝不能利用这些特别的了解做对朋友不利的事，即使朋友无知无觉，根本不会意识到。这是我个人内心交友的一个自我要求。

相对于美丽动人的外貌，我更热爱丰富精彩的头脑，但我尽力做到尊重热爱外表的朋友，人有自己的个性是个好事。

你可以与朋友争吵，但如果你不能说服朋友，你就该尊重他的选择。

第二十五节　一个薄情寡义的人

薄情寡义是相对于儿女情长来说的。

儿女情长往往就英雄气短，会耽误大事，所以薄情寡义好像也不是那么的可憎了。

薄情寡义往往被声讨，但如果用情不当又不适时终止岂不是害人匪浅吗？感情交往我们也要会正反两方面来多看一看。

情感如何，应该坚持还是决断，同一情形男人女人可能意见大相径庭，这也正是世界如此炫丽纷繁复杂的一个原因吧。

能够有冷静的思考，拥有较强的换位思考能力，又有时间去这样做的人已经非常之少了。

对你薄情寡义的人，可能对她正是儿女情长，所以丢弃那个薄情寡义的人不要犹豫，甚至不要去责怪他。

人要有一点平常心，要有一点最后的自我，在情感、爱与付出中保留自我的一点独立，这是对他人的好，更是对自己的好。

第二十六节 娇媚还是风骚

女子有种独特的魅力，人们把它区分为：**娇媚与风骚**。其实女人是骚还是娇，对不同男子眼光不同，结论可能完全不一样，更主要在男子，因为两性关系，男性更占主动。

虽然这两个词把它做了伦理道德上的区分，但此魅力直接引起了男性的生理反应。

性生理反应也是很自然，很美好的，人的本能反应，人太违背这种反应肯定不对，只是不同人群底线不同，所以会有伦理，我欣赏的麦当娜说：physical attraction; chemical reaction... 人的身体吸引只是由于化学反应。

当然很多人不愿意承认这种生理反应，其实承认本能反应并不是否定浪漫情愫、爱的神圣、冲动之美。

如果男子也重视女子的内心精神世界的美好与优雅，那么搔首弄姿的女子肯定就少了。如果女子的内心优美能透过言谈微笑，举手投足之间倾倒一片，那么简单的涂脂抹粉或暴露只会被人们所耻笑。相反，一个男子如果老看到女子风骚，是否也正说明他自己内心的不洁或荒凉呢？

女性之美丰富博大，让我们带着感恩的心去欣赏。

第二十七节　太漂亮的女子容易浅薄？

太漂亮的女子容易浅薄吗？虽然听起来刺耳，但古今中外好像都有这样的说法。虽然睿智的漂亮女子也比比皆是，为什么人们又有这样的看法呢？

也许首先在于太漂亮的女人已经让太多男人羡慕，让太多女人嫉妒，所以人们更乐于对几个偶然浅薄的漂亮女人津津乐道，好像自己更聪明，好像漂亮女人也不过如此……

另外，太漂亮的女人对周围的人有特殊反应，从小时候的父母到以后的同学同事朋友，人们对她们的特别照顾可能也使她们自然形成一些习惯，例如，觉得自己根本不需要做什么努力，一切都会得来的自然而且毫不费力，甚至复杂的思考都是多余的。

当然，太漂亮的男子也会被人们讥讽，稍有能力不济就会被人们戏称，小白脸或吃软饭的。

自然的漂亮外表是每一个人的骄傲，但我们也应该拥有自己的独特思想，拥有丰富的知识，拥有我们的内在力量，这样我们才可能更具有我们的自尊。

第二十八节　女人的眼泪

人都是感情动物，人性不可能绝对理性，我们看到古今中外所有的文化都一样地把哭泣与悲伤相连。悲伤痛苦的时候人们会流泪，你看到一个人流泪也会认为她伤悲。我就最怕女人的眼泪了，如果我让一个女人流泪，即使理性上我觉得她哭泣得毫无道理我也会内心里痛苦自责，觉得生不如死！也许这只是我的本能习惯吧。

中国的文化是不屑流泪的男人的，所谓：“男儿有泪不轻弹”，女人就不一样了，似乎大量的女人都是在以泪洗面的岁月中度过一生的，但其实有些女子会把眼泪当作表达当作武器，也有女子流泪会诱惑陌生的男子。聊斋故事里就有这样的写照。

女人的眼泪绝对是一种震撼的力量，它会冲击你的精神世界，引起剧烈震荡，激烈的思考，这种震撼绝不亚于你看到男人们征战沙场，尸横遍野，或者刀剑格斗，鲜血喷流。

我最怕女人的眼泪，好像我做错了什么似的，哎……

第二十九节　友情和诱惑

一个女子与一个男子相处，他深深地为她所吸引，他也不知道具体吸引他的是什么，他几乎不能自己控制自己了！

这个女子也喜欢与这个男子相处，她也可能分不清友情和爱情的区别，分不清自己是想法明确还是本能驱使。

相互的吸引使得他们的友情迅速加深，很快就要超越友情了！他们两个人都很清楚这一点。

女人跟没有有意地去诱惑这个男子，但男子显然已经被诱惑，也许女子已经下意识地狠狠地诱惑了他；男子也有意无意地对女子有些诱惑，让女子已经如醉如痴……

虽然现代社会大多一夫一妻制，但，男女的友情本身一定不只是心灵的吸引，偶然必然中也会有强烈的肉体的诱惑，这种诱惑本身也是自然的人的本性，可以说是不受人控制的。人们虽然也用伦理道德去宣传对这种本性的控制，但对人性的过度控制也一样是错误的，没有必要的。

第三十节　煽情与暧昧

煽情与暧昧，多数时候在我看来，就像一个面颊苍白的女子，为了鼓励自己的心绪，而在脸颊上细心涂上一层绯红的颜色，颜色动人，也同时是照顾和爱戴能碰到的朋友呢……

煽情与暧昧，也是一种试金石，对男人是，对女子也是，能增加一点点味道的调料，一点给生活增加味道的东西，你可以否定不懈，你也可以就笑笑或者投入地享受一下。

面对女人偶尔的煽情与暧昧，有的男人激情澎湃欲罢不能，女子也有晕乎陶醉啥都无所谓的；也有的男人只是礼貌示好，用来满足女人的虚荣心，这就算试金石吧。

朋友之间也是要有尊重的，需要把握分寸，不能随便乱煽情和暧昧，以免产生误解造成伤害。当然，现在网络上偶尔言语调侃，那还是不会当真的。

生活是美好的，我们从不缺少美好的事物，而是缺少发掘美的冲动。

第三十一节　激情与平淡

激情总被人们强烈地憧憬，平淡却被人们尽量地排斥和否定。

无论朋友的相聚、恋爱故事还是家庭生活，人们总是陶醉在难忘的激情之中，仿佛激情才是最有价值的，激情才是生活的目标。其实，这又是人们常有的误区。激情给人印象深刻，令人陶醉，但是，激情只会是一瞬间，平淡永远是生活的主旋律，人们如果不能珍视看似平淡的日常生活，而太过沉溺于对激情的向往和努力之中，那么生活一定会有问题，一定会不正常。

我们太多重要的工作都是在平淡中日积月累完成的。平淡的累积也会催生激情，让我们忘我地在激情中努力。

就像我们的文字要能激发读者的激情，但也同时更能教会读者欣赏平淡之中的魅力。

恋爱中可能充满美好的激情，但如果不能回归平淡的氛围，那么很有可能使恋人过度地美化对方，结婚后可能突然失望伤心。相反，如果爱恋中的人也能有平淡的一面，那么结婚有了家庭以后可能更容易适应新的生活，也更可能接受更多的家庭责任，而不是只在恋爱的激情中体会自由的美好，收获的美好。

激情有华丽的种种，平淡朴实而厚重。

我们要学会享受激情的华丽，也要学会珍视平淡的宝贵。

激情如盛开的牡丹的花朵，平淡却是牡丹这个植物本身，花开的时候只是几天，牡丹在一年的绝大多数时间里毫不起眼。

第三十二节 真 相

爱是什么？爱是不计任何回报的给予，一旦包含条件就不是爱。

家庭是什么？夫妻是繁衍后代，是陪伴，家庭更是责任。

人性本身就是更尊重直觉本能，人不该太执着于理性。

生活也不可过度追求完美，因为错误逻辑上不可避免只是多少的问题。

所以，透过事物的表象，看到事物的本质，掌握事物的核心，你才能获得真相。

许多事情看起来复杂得无法解决，只有透过浮华的外表，找到它朴素而简单的核心，你才能获得真相。

自负地先入为主地做出结论，只会让我们离真相越来越远。就像，当一个人自以为正在做着最有价值的事情的时候，往往正是他在错误中不可自拔的时候。让我们学会有益的思考方法，让我们更能突破外在的表象，获得真相。

第三十三节　诗一首：情意微澜

往事还恍如昨天，又一个心爱的女人要出嫁了，
你怎么办？笑笑……

生活没有变化，就没有新意；
人没有意趣，就没有魅力；
但人没有原则，没有骨风，就不是人……

哈哈，轻松一点，

在秋风里，独自散个步，
没有跌宕，没有泪滴，
但有溪水潺潺，芳草幽香。

也罢，美美地老去，
挺不错的。

第三十四节　诗一首：雪花的亲吻

——谨以此文献给刘畅和她过分严厉的爸爸

雪　永远是浪漫的，
她带着人们的梦飞扬，
凝酌雾化　亲亲无他，

雪带着包容　将我包裹，
雪带着温情　亲吻无暇，

有飘落下去的，更有炽烈升腾的，
你无法预见雪花的去向，
你只能感知　大雪无边……

又一座城市　被疼爱了，
妆点得素白，
又一个时刻被凝结了，
你想到了她（他）。

第三十五节　诗一首：太多的女朋友

太多的女朋友了，
你就错过了些　男朋友。

忘却了　他们可爱的宽容，
忘却了　他们可笑的傲慢。
忘却了　他们甜美的时刻，
忘却了　他们激情的瞬间。

太多的女朋友了，
你就忘了欣赏这世界的　另一种华彩，
忘了享受　浸润的沉醉，
忘了纵情　爱恋的迷途。

的确!

太多的女朋友了，
时光都会　太轻快的滑过，
让你忽略　皱纹在笑容里的娇媚。
智慧　日渐攀升，
才华　却悄悄消散。

的确!

太多了……
就!!!

——2010年4月8日夜　于金陵

You just live too much with your Lady friends

You just lived too much with your Lady friends,
You missed what a real Man is,
Their tolerance, their arrogance...
Their sweetness, their passion...

You just lived too much with your Lady friends,
You missed the fun to play the Other World,
The confession to indulgence,
The perplex to affection.

Yes,
You just lived too much with your Lady friends,
Time passed as swiftly as
Wrinkle smiles heartedly...
Mind alert as
Your Art stir...

Yes!
You just...
Must!

第三十六节 诗一首：周日的怀恋

这爱的城市原来比我想象中
要来的更拥挤
如果不曾那样的遇到你

原来
我还不敢想象
没有你
我的笑是否会更爽朗
更有自信
原来
我的笑 也会为一个生灵而晦涩而焦虑

想你那天 天昏地暗

一个人吃饭
一个人看电影
一群人打球……

网球飞舞着，往来着，在清冷的这个夏日的早晨呻吟着

第三十七节 诗一首：为人

浮云漫仟随风去
真心情意胜千言
儿女情长终恨短
平和持家正事先

做人在意身后事
嫒嫒唯唯难丈夫
行正坐端勿小节
磊落光明仍策略

第三十八节 诗一首：我迎着你

——给乔乡

我迎着你
跃上一座桥
阳光迎着车窗 倾泻而下
外面的空气在冰冷 中 灼烧
身边的气息在温暖 中 缠绵

我迎着你
跃上一座桥
水西门在身后 滑去
汉中门近在咫尺
清凉门　草场门……
我绝不会去 定淮门……

我迎着你
疾行
我知道 在不远处 就是你……
就是你
充实的胸膛
我知道 等一会儿 就将有
下一次 惊奇

我迎着你
我知道

我无法不迎着你了……

第三十九节　诗一首：想你的时候

想你的时候，很有些落寞惆怅……

想你的时候，眷恋着家的感觉和想要出走四方云游的感觉，同时混杂着，同样的强烈，愈演愈烈!!!

想你的时候，总有着迷醉的感觉，因为你在我的眼中太美了，太神奇了!

桃花熟了，杏红，太匆匆，
你在我眼前一晃的身影，
已经缥缈的难忘，我知道你也不是有意的，

想你的时候，
会听到嘿嘿的笑声，
好像一个盛开的花朵，在笑一个莲蓬，
再善意，都让人觉得是讥嘲，
再轻微，也还心潮汹涌，

想你的时候，人变得孤单，但很充实。

第四十节　诗一首：窗外的雨

——三亚海滨回家后，盛夏金陵落雨

窗外的雨　轻轻地落着，

盛夏的雨
不是初春，
也不是秋凉，

盛夏的雨　清清地落着，
像在洗涤海风的盐渍，
像在冲刷海食的腥息，

窗外的雨　轻轻地落着，
静静的夏夜里　显得
那样的体贴，
那样的亲情……

第四十一节　诗一首：雨

——感谢今夜的雨

雨
迷人的雨
就那样霏霏扬扬的下着，
一点也不急着停歇。

马路上漫起着水雾
再也没有了污浊的烟尘，
行人洒脱的挽着莫拉克的手
一路酣畅……

水在天间飘扬，

递送着天堂的讯息
安静地拥有着　改变着……

水声
如最沉稳而持久的笑声，
带给人安逸，
带给 所有人充足的理由 去
听雨……

Rain

— To the memory of my tennis friends who miss Tennis court pleasure at present

Rain
My perplexing rain,
Falling permanently still
Looks never ending without
An order from Heaven

Streets perplexing with the Rain
Noise & Dust disappeared from
While sound of rain fall joyfully filled in,
Walkers hand in hand
with Morakot
And they talked and cheer

Sky perplexed with the Rain

What a transmission between Earth & Heaven
So peacefully changing everything
While failed in ceasing her smile

Rain
Makes us comfort
And make us a good reason to enjoy...

第四十二节　诗一首：一次真正悠闲的旅行

这样的一种旅行吸引我，
已经不是一天两天了。

向往着一次旅行，
不需要周密的计划，
不要达到什么，
也没有一定要去的地方……

真正的悠闲！
使你的心 飞翔到她长久以来
那样期待的地方，
魂灵和着心神欢唱……

曾经尝试了很多次，
才开始，就知道那还不是……

何时能真的悠闲的上路啊？
我问一声，也知道无人作答的，
也许这就是日子。

我刚有一点迷茫，
却发现旅程已在脚下！
熟悉的歌声欢唱着 一遍又一遍，
引着我沉醉……

A Pure Unsubjected Journey

Something attracted me,
since long time ago,
A journey purely aimlessly.

While with no schedule, no target, no destination,
Your heart could fly to the direction so much desired,
Your soul a merrying spirit, high joy free and vivid!

That's a journey so many times at its starts,
Yet not started.
Am I now on the way?
I just asked, but no one answered me back,

Maybe that's the way I am,
while I am a little lost,
Road spread in front of,

Let the songs starts all over again,
Let me indulge...

第四十三节　诗一首：冬日的恋情

冬日的恋情
像醉人的春雨
刺痛与激越并存

冰冷却又温柔的
让你无法拒绝……

一如绵长的乐曲
让你想起浪漫的七七鹊桥
和湖畔交颈的天鹅……

网球的飞扬，依旧合着低沉
而冲动的吼声；

平静凄冷的冬日的球场
拥抱着不那么清冷的冬日柔情……

又如冬日的阳光
让人们带着多少火热的回忆
和振奋的希望……

第四十四节　诗一首：跟你在一起

——谨以此文献给可可网球二队及每一个爱网球的人

跟你在一起，像驻留在云端的诗，激昂却又静悄悄；

跟你在一起，
像初春清晨的阳光，清新的都可以完全穿透了我的身体，不想在我身后，留下哪怕是，一丝丝的阴影；

跟你在一起，
我梦中的网球，都会打的如你击打的那样绚烂，
一个个醉人的制胜分，不在纳达尔的左手，就在费德乐的右手带给他们些无奈的摇头，和迷惑的微笑；

跟你在一起，
一刻钟仿佛一秒钟，一秒钟可以到永恒……
心底的欢笑巨大而又爽朗，身边的万种嘈杂都因了你的声音而悄然消退；

跟你在一起，
花朵在四季盛开，宴席盛大冗长，但还能丝毫不使人疲惫倦怠；

跟你在一起，娇人的盛装能瞬间黯淡；低沉的阴霾可一扫而空；

跟你在一起，会忘记了年龄，忘却了时代；能忘记了哲学，遗忘了历史……
什么是心理学？为什么会有教育学???
野马在疆原奔跑，鸟儿在树梢鸣唱；
战象 长矛，洪水 火山……

跟你在一起，
重要的似乎已不再重要，迟疑就要和果敢画等号……

跟你在一起……

——感动于洪武路上初春清晨澄明的阳光，2009 年 3 月 24 日上午于金陵

Be with You

— To My Dear All who play tennis here

Be with you, like a poetry that lives high in the sky, exalt yet still;

Be with you, like the clear Spring morning sunlight,
just gracefully passing my body through, and leave me no shadow in behind;

Be with you, my tennis play would be so dreamy as yours, and having Roger Winner

After Winner at his right hand, and make him sigh & smile;

(Winners to Nadal at his left hand for sure)

Be with you, one day was a second, a second a dream;

Laughter from my heart so broadly and cheerful,

Deafening noise around dies when the pureness of your tone arrives;

Be with you, Roses blossom even in Winter;

Lengthy feast turns vivid and pleasanting;

Be with you, charming faces attracts nothing;

Sullen heart being delighted in just a blink of your eyes;

Be with you, it never matters again: Age, History; Time, Philosophy;

Psychology hurt Reasoning, Philanthropy destroy Pedagogy;

Birds singing, Horses racing;

Flooding, Erupting;

Peace, War;

Significance being neglected, Hesitation called Brilliant, When I

Was With You...

— To the memory of a sunny early Spring morning, Mar. 24. 2009, Tuesday in Nanjing

第四十五节 诗一首：你是我的毒药

——谨致那些比我更沉醉于网球的兄弟姐妹

一条短信，一个类似斥责的词语，
都似乎那么重要……

窗外空气无比清新，路上汽车尾气蒸腾；
列车车轮滚滚，喷气机涡轮轰鸣……

这些似乎都不再重要，
因为你是我的毒药！

大事小事，紧事慢事，

都为了你让道……

因为你是我的毒药！

阳光丰满，风雨骤烈！
光阴荏苒着，时间都能停歇了 ……

就因为你是我的毒药……

——2009 年 5 月 21 日 9：30，星期四

中文未尽英文补之……

YOU ARE MY POISON

— To those who indulged more in tennis than I do,

One Touch, A Hello,
　　So special & Vital,
　　　　Cause you are my POISON !

Fresh breathing, car bleeding,
Train noising, air-crafting,
　　Me never minding...
　　　　Cause you are my POISON !

Things major ? Urgent ? Tiny ? or leisure ones ?
　　Simply turns nothing when you are coming...
　　　　Cause you are my POISON !

Sunshine racing, Wind Rain cutting;
　　Too many simply happens,
　　　　So many briefly stopped,
　　　　　　Only for you...

　　Cause you are my POISON !

— May. 21. 2008, Thu, in Nanjing, China

第四十六节　诗一首：见你还需要找个理由？

见你还需要找个理由？
　　这使我不禁遐想……
见你还需要找个理由？
　　这使我心中迷茫……
见你还需要找个理由？
　　这使我黯然神伤……
见你还需要找个理由？
　　这使我雷霆震怒……
的确，我根本找不到要去见你的理由！
　　我不需要!!!

Do I Need an Excuse to See You?

Do I need an excuse to see you?
　　This make me wondering...

Do I need an excuse to see you?
　　This make me puzzled...

Do I need an excuse to see you?
　　This make me confusing...

Do I need an excuse to see you?
　　This make me irritating...

I got no full of the answers,

Do I need an excuse to see you?

But why !!!

——2009 年春，于南京可可网球俱乐部

第四十七节　诗一首：飞火流星

——谨以此文献给金陵的春天里每一个热爱生活的人

飞火与流星，有那么一刻 竟是屏住呼吸的寂静；

飞火与流星，有那么一种风范 竟是美丽的庄严；

飞火与流星，甜美的味道 染上了玫瑰色；

飞火与流星，醉人的气息 伴随着心跳声；

飞火与流星，色泽嫩绿 洁净澄明的让人羡慕；

飞火与流星，声音如微风 却能不动声色 依然波澜壮阔；

几乎不是欣赏，而是共享；

言语无法表达；心情更难抒发；

前世的熟识交织着此刻的陌生；

离奇的惊讶 伴随着转瞬即逝的心情；

内心之美远胜外表葱茏……

惊讶，再惊讶，

飞火流星 在当下……

——2009 年 4 月 9 日上午　于金陵

Flying fire

Flying, firing, Starring, there is a moment of breathless silence;

there is a manner of solemn elegance;
Flying, firing, Starring, there is a taste of roses sweetness;
there is a smell of hearty pleasing;
Flying, firing, Starring, there is a color of dazzling greenness;
there is a sound of gorgeous breeze;

It's not an appreciation, but a confirmation;
It's not a wordy communication, but a touchy fluctuation;
Familiarity knocked with strangeness;
Curiosity shocked with that swiftness;

Interior characteristic desired
Exterior details forgot.

Shocked, rocked
Flying fire…

— Spring, April. 8. 2009, Wednesday in Nanjing

第四十八节　诗一首：冬天的雨

——一个给你的祝福

冬天的雨
让我想起你……
我们曾经都是那样的欣喜，
那样的爱雨，
即使是冬天的雨……

林间的路，
　　虽久别了夏日的火热，
　　　　却依旧有秋叶的辉煌，
　　缓缓地行过，
　　　　充满着青春的迴响……

疑惑的初冬，
　　幻化作早春，
雨雾冰冷，
　　但生生不息……

金陵是个故事的地方，
　　西来东去，

笑泪还迴，
原来是一场冬天的雨……

——记于2009年9月28日 金陵冬雨

The Rain in Winter

— Let All Blessing you

Today The rain in Winter,
Remind me of you,
We are so fond of raining,
Even if
It's the Rain in Winter,

Trails covered with leaves,
No hot waves from Summer,
But still charming traces of Fall
As if we were still having a walk,
Still so young and free of concern...

Winter fog? Or Spring drizzle ?
Freezing cold, but vivid so...

A story that day,
Tens of years away,
East and West flying,
Tears and laughters how could be disappearing?

There is nothing, but
The Rain in Winter...

第四十九节 诗一首：乔乡的阳光

——西半球的阳光

严寒似乎那么遥远

清晨
窗外阳光耀眼
有那么一刻
你会恍然觉得
外面已经是初夏的炎热了呢……

午间的草地
突然就眷恋着
许多慵懒的人群
享受着阳光的爱抚

远隔着半个地球的人们
也在享用同样的东西吧
也就隔了
那么几个小时……

第五十节　诗一首：网球美女

——亦赠不乱

清浅楼云
万籁消声
粉颊杏眼
秀眉含中

心芳吐蕊
云鬓淡卷
语嫣墨浓
山水凝重

光莹气敛

春草浮生
将游水波
兀自不同

——于2010年春周日晨

Charming Lady

Sweet smile slightly there,
Wordy flowing tongue rising,
Eyes avoiding Sight touching,
Shy for nothing
Pinkcheek lightening...

Mind in rhythm
Thoughts mellowing...
Elegant nose
Remind you of equator rainforest

Spring winding vividly
River flowing heartedly...
Talk word philosophic
Heard sound of romantic

Charming Lady stand
In tennis Court.

— To the memory of A Friday in Spring 2010 Nanjing

第六章　经济学

Economics

第一节　简约经济

简约经济，社会机制尽力满足必需性消费，抑制和减少非必需性消费，特别是奢侈性消费。

必需性消费带给人们基本的和正常的物质保障，一个人的必需性消费不够，那么他很难拥有基本的生活满意度。那么非必需性消费指那些可有可无的消费，例如，可以在家吃得饱而且吃得很营养干净了，还想经常在外面吃大餐；奢侈性消费包括数量上和质量上的两种性质；例如：每周一次在外美食一次，想每周要天天在外美食就是数量奢侈，想去最豪华的餐厅美食就是质量奢侈；质量上的奢侈性消费就构成奢侈品消费，这包括所有的吃穿住行服务产品。

简约经济的好处是显然的。首先，因为社会物质资源总量是有限的，简约经济能使社会资源更集中于必需产品，能够更好满足社会需要，降低人们消费成本。如果有大量的资源用于奢侈性产品，必然造成必需性产品价格上升，甚至供应不足，引起社会矛盾。简约经济也会避免社会大众更忙于生产和追逐奢侈消费，而使人们能有更多时间，把精力放在精神生活领域，简约的社会风气避免人们过度追逐金钱物质与生活腐败。

简约经济应该从两个层面执行：个体消费和国家政策。

个体消费就是尽量避免奢侈性消费，不要沉溺于对大房子美食和奢侈品的追逐中去，避免消费主义，而强调精神生活。

简约经济下的国家政策，就是缩减政府开支，减少政府指导下的扩张性投资来刺激经济的行为，而把政府对经济的影响更集中在优化产业结构上，把政府的职能集中于提供社会公平和保障，如，加强教育医疗养老服务，平衡贫富悬殊，带给人们更高的生活满意度。2011年德国开始采取的政府极端缩减开支政策就是符合简约经济思路的，与美国一贯倡导的赤字财政，及所谓的政府刺激消费是针锋相对的。

我认为简约经济应该在全球范围予以加强，全球经济在二战后陷于对物质消费的简单追求中，已经造成了全球范围内的贫富分化矛盾剧烈等各种矛盾。

第二节　消费和投资刺激经济发展？

凯恩斯主义认为，个体与国家层面的更多消费能直接刺激经济发展。我认为这一理论是错误的，正确的理论是个体与国家正确的消费与投资。

个体与国家的正确消费是什么呢？即简约经济模式，增加必需性消费，避免简单重复消费和奢侈消费，举个例子，100个人每人都花了100元在一个餐厅吃自助餐。

A. 他各种菜都适量，均衡营养和美味吃饱就很好了；

B. 因为是自助餐就吃得太多，或者只把喜欢的两道菜吃了好多遍；

C. 其他菜也吃，但把最稀有昂贵的一道龙虾菜吃了太多，其他人都吃不到了。

我们假定餐厅老板提供的食物总量是有限的，这100个客人如果按照自己的不同口味，以A方式用餐，那么最后每道菜只会剩下10%，每个客人都能吃好，都非常满意；如果有50个客人按照B方式用餐，吃的比需要的多出25%，那么剩下的50个人基本都非常不满意，因为没有吃饱，更谈不上营养均衡；如果有10个人按照C方式用餐，他们把稀缺的200片龙虾每人吃了11片，那么剩下的90个人只能最多吃1片龙虾，龙虾变得更为稀缺，许多人可能根本吃不到了，10个人特别满意可是90个人都不太满意或者极不满意。

这个自助餐的例子我们就看到：A，是必需性消费；B，是重复性消费过度；C，是奢侈性消费过度。

我们看到重复性消费和奢侈性消费都必然造成对必需性消费的破坏，有效供给越有限，刺激消费的B和C方式造成的社会伤害越剧烈。

重复性消费并未带来这些客人更多的满意度，除非他们看到其他人吃不饱而更加满意，而且过多的营养让他们肥胖，最终带给他们疾病。相反，其他客人虽然花了一样的钱，但吃不饱，强烈不满。

过度的奢侈性消费行为也进一步造成奢侈品更加稀少昂贵，因为构成奢侈品的资源本来就很稀少。

B和C方式是个人多消费的行为，好了，餐厅老板参与了，他甚至亏本多花钱，多买了原料，增加了25%的总供给，这样重复性的B消费是被满足了，必需性消费也还能保障，但造成了大量的食物浪费；如果餐厅老板为了满足奢侈性 C 消费让每个人都吃到 11 片龙虾，提供了 1 100 片龙虾，结果龙虾物种被灭绝了，造成了破坏自然环境的结果。餐厅老板的行为就代表国家刺激消费的结果。

国家的刺激性投资行为是这样的，餐厅老板花钱找人养殖龙虾，可以提供这 1 100 片龙虾了，但结果是龙虾就不再是奢侈品了，人们的满意度并未提高甚至下降了，人们去寻找更奢侈的东西了，例如，绿色的龙虾。

个人的多消费行为是这样的，假定每个人都只有 200 元，本来 100 元吃饭 100 元看电影正好，结果个人的多消费行为就让 50 个人花了 200 元吃了大餐，不看电影了。

吃饭是物质的必需性消费，电影是精神的必需性消费，过度的物质消费必然抑制精神性必需消费造成满意度下降，甚至生活扭曲。

个人的投资行为是这样的，每个人 100 元吃饭，另 100 元不看电影，不精神消费了，而投资第二天多挣到 100 元，所以第二天每人都有 300 元了，但是他们发现吃饭和电影价格因为市场原因都变成了 150 元，他们白白损失了第一天的电影享受。

更真实的社会模型是这样的，假定 100 个人每天 200 元，即每天总资产 20 000 元，其实，有 10 个人的资产是每天 1 100 元，90 个人是每天 100 元，国家的作用就是减少贫富分化到一定程度，提供尽量营养的用餐食品搭配建议，提供丰富多彩的电影。

国家和个人层面的过度刺激消费与投资都是错误的。

第三节 贫富分化问题

贫富分化问题已构成今天各个国家内部经济问题与世界整体经济问题的核心。

经济学理论用**基尼系数**来描述社会的收入分配，基尼系数介于0—1之间，基尼系数越小收入分配越平均，基尼系数越大收入分配越不平均，基尼系数超过 0.4 即构成严重的社会分配不均，大于这一数值容易出现社会动荡。

我们通过基尼系数的图形可以看到，基尼系数超过 0.4，高收入阶层的人数不多占有社会收入的比重已经非常巨大，中等收入的人数不多，低收入阶层人数巨大收入过少，如果我们延用自助餐和电影的例子，那么每天 100 人社会总收入的 20 000 元，其中就是 5 个人 1 450元收入，20 个人 300 元收入，25 个人 150 元收入，剩下 50 个人只有 60 元收入。我们可以看到贫富分化过大的结果就是 75%的人都不能满足自己的必需性消费，生活满意度很差。

中国基尼系数 1978 年 0.16，1988 年 0.23，但最近 15 年都是大大高于 4.0 的，国家统计局局长马建堂公布的数据是：2003 年 0.479，2006 年 0.487，2009 年 0.490，2010 年 0.481，2012 年 0.474。清华大学教授、全国政协委员蔡继明认为中国贫富差距已经过大。我国的贫富分化问题日益严重，引起了各种社会矛盾，人们对生活的满意度很低，许多家庭 30 年的收入也买不起都市的一套房子。住房、教育、就业、养老等基本问题成为许多人的严峻问题，尽管这些人大多都非常努力甚至非常优秀。

美国 1996 年 0.4，2007 年 0.45，美国社会的人均满意度也很低。

贫富分化加剧造成美国地产与股市危机、希腊经济问题、欧元贬值，经济滞涨引起的社会满意度不高甚至社会危机政体危机比比皆是。

适当的贫富分化是正常的，也是合理的，可以加强社会的运行效率，但今天全球过度的贫富分化问题已经降低了社会的运行效率。

贫富分化是一种自然的趋势，它在市场作用下，被进一步加剧。社会资源配置天生对每个人就是不平均的，物质和财富，而每个人的先天智力与后天教育也非常不同，这样人的内在与外在的资源差异导致贫富分化，贫富分化加剧了社会资源的配置，这进一步加速贫与富的分化。

政府被期望通过财政政策，货币政策来降低社会的贫富分化，提高居民整体满意度，促进社会公平与效率，具体如下：

1. 降低利率使财富本身不能简单迅速盈利，避免富人更富，例如，使普通人能以更低成本获得房贷。

2. 提高所得税累进税率幅度，增加高收入阶层的负担。

3. 提高遗产税。

4. 财政支出集中于提供社会的低成本的必需消费，包括，衣食住行、教育、医疗、养老；这一点美国做得相当好，包括制造了比较高的所谓中产阶级比例。

5. 政府注重调整产业结构，使经济中长期稳定发展；防止过度行业垄断发生，提高社会人均满意度。

如果社会财富体系的长期分配倾斜，无论原因如何，必将导致社会整体消费能力下降，消费结构畸形。社会整体居民满意度下降，甚至社会经济政治发生这样或那样的危机与动荡，如战争瘟疫或灭绝。

人的欲望是无止境的，人又不可能是绝对理性的。任由部分特别的人一厢情愿地行事而没有机制制约与调节这部分人的欲望，必然会导致社会贫富分化过度，必然导致社会的恶性事件，如经济危机、金融动荡，甚至战争，**制衡过度的贫富分化可能要来源于政府，也要来源于道德、律法、信仰**。

第四节　人口经济学

人口数量是一个国家的重要经济要素，人口数量与国家的人均先天素养和后天素养一起构成一个国家的人力资源总量。

先天素养是指，先天体质和遗传的思维素质；后天素养是指国民道德水平、教育水平、年龄结构、健康水平。

一个国家人口数量的变化绝对是一个重要经济指标。一般来讲，一个国家人口总数的稳定上升会被认为是经济繁荣的反映；人口持续下降会被认为经济有严重问题。在现有医疗水平下，人口出生率会被认为是人口变化的主要因素，而影响人口出生率的因素主要是一个孩子的整体抚养教育成本，所以，国家政策能够长期健康影响人口出生率的只是对一个家庭培养一个孩子的抚养和教育成本的影响，具体来说就是孩子的吃穿住行教育娱乐成本，综合降低这些方面的必需性消费成本会保证或增加人口出生率。

我们国家实行三十多年的计划生育政策对当年人口总量巨大，出生率很高，经济水平很低的国情非常对症，是一项激烈政策。但这一政策在目前就产生了巨大的社会问题。

首先，**我国人口出生率走低**，人口面临锐减，人口面临老龄化严重问题。婚育年龄家庭比重降低，而且孩子的抚养成本非常高，符合生二胎的家庭也不愿意生，有些家庭甚至根本不要孩子！所以目前，国家也需要迅速采取激进的政策提高人口出生率。例如，**提供生育补贴和更完善的免费教育系统**，来降低抚养和教育成本。

其次，计划生育政策也导致地区差异加大，人口地区间流动性不足。城乡差别加大，不同地区之间差异增大，大量人口迅速流向一线大城市导致都市化过度，所以目前，国家也要采取政策增加人口的流动性，降低人员地区间流动成本，例如，**取消户籍制度和降低交通旅行成本**，取消户籍制度让人口不再锁定在一个城市或省份，给人口进行流动的自由选择权。假如能简单进入上海定居，那么上海的户口就不具有吸引力了，上海人离开上海生活也不会那么可怕，只要上海人发现在其他地方他们也能获得一些特别的满足。

降低交通旅行成本让人口能够轻松的流动，不管是短期的几天旅行，还是中长期的几年，还是较频繁的搬迁居住城市。觉得大城市好呢就去是几个月或者几年，想离开城市回老家也随时能走，想换个其他风格的城市也可以去试试。大城市的人也可以轻松地远走其他城市，想在乡村生活几个月或 1—2 年也可以轻松完成，这样也会有更多的人选择从城市到乡村的生活方式。降低交通成本让每个城市的服务能力辐射面也更广，如果目前 20—50 公里的辐射半径能用低价的轨道交通延伸到 100—200 公里，那么许多地区的城乡差别就会大大降低了。让旅行更便宜对我国缩小地区差异、城乡差异，完善教育模式都具有重大意义。例如，乡镇的小学生也能经常去不同的城市旅行，参观博物馆，玩游乐场，在旅行中去增广见闻，接受愉快而全面的社会教育，那城乡差别就小很多了。例如，一个人在县城长大，且没有受过大学教育，但他能跑到上海生活了 2 年，这 2 年的都市生活对他的影响和无形教育作用会是非常重要的，可能并不亚于接受科班的大学教育。如果人们能从东部轻松地移居西部生活与工作，那么人们就有机会选择生活成本低的地方生活成家，养育孩子，拥有更高的生活满意度，而不是必须拥挤在北京、上海、广州、深圳这样的大都市里，被迫承受都市巨大的生活压力和抚养成本，当然，国家需要着力提高西部落后地区的教育医疗水平。显然，**国家提高落后地区的医疗教育水平**要比在大都市降低抚养教育成本要简单容易得多，投入也要小得多，这应该成为国家中长期积极人口政策的基础。

一个城市或地区提供的生活服务质量和生活成本这两者的供需关系决定了当地居民的生活满意度。所以，国家长期稳定的人口政策是通过调节不同地区的这种供需关系来提高整体国民的生活满意度，让人们通过生活的满意度来主动调节**出生率和人口的地区间流动性**。

国家的人口经济就是国家人口总量的变化，素养的变化和人口在地区间的差异。政府对人口经济的影响，指通过对居民生活服务质量和生活成本的影响来改变一个地区的生活质量生活满意度。政府的具体调节方法包括，通过住房物业税和个人所得税等地方税种调节一个地方的的生活成本，通过社保和公积金的比例调整不同地区的生活保障，通过增加落后地区的教育医疗交通投入提高当地的生活服务质量，平衡地区间差异。

第五节　自由经济腐蚀道德品质吗？

有一种说法认为自由经济腐蚀了人们的道德品质，使人们过度向钱看。

其实，**自由经济本身并不腐蚀道德，也许正加强道德，公平竞争要求大家都遵守规则，这样必然加强道德**。真正腐蚀道德的恰恰是不公正的现象，权力和过度垄断导致信息不对等，引起的不公平竞争才会冲击人们的道德，人们都期望借助权力迅速获利，通过努力和奋斗的方式被嘲笑。

改革开放初期，产生了所谓的一批暴发户，他们大多没有受过太多教育，但他们敢于去闯，勇于动脑筋经营生意，自由经济本身让他们赚到了钱，当时的社会风气还是非常积极向上的，如果谁不择手段挣钱人们会蔑视和不懈。改革开放中期以后，政府官员看到太多他们很瞧不起的人反而拥有名车洋房，心里不平衡，所以他们就运用手中权力，轻松获得了大量财富；另外一些垄断性很强的行业更是轻松凭借垄断从市场中获得巨额财富，如：石油石化、房地产、证券金融业、电力等。绝大多数企业家都不得不相信，不跟当地政府官员搞好关系，企业根本无法生存！社会上的大多数人也都对一个凭借爸爸的权利而获得财富的人艳羡不已，人们都期望能挤进垄断行业。正是不公正经济现象的盛行，导致人们道德水准大大降低。

人都有贪欲的一面，面对亿万财富的诱惑，可能一万人中也没有几个会因为道德而坚决拒绝，这更是人的价值观和信仰问题，与自由经济没有关系。

政府的基本职能正是服务大众，平衡市场带来的贫富过度分化等负面作用，但是政府把应该提供的社会服务也商品化市场化了，这加剧了社会矛盾与不公平现象，导致道德的蜕化。

例如：

1. 学校也市场化了，只有有权和有钱的人才能上到好学校；

2. 政府财税部门也向钱看，淡化了财税政策和对经济的杠杆作用；

3. 政府的公检法也强调了经济杠杆和收入，淡化了社会法制和准绳；

4. 政府政策也简单向钱看，强调了当前财税收入和简单地区GDP，忽视了政府的市场的引导作用和为人民大众服务的基本任务，忘记了提高社会人均生活满意度，例如，许多家庭虽然财产总量不少，但住房、教育、医疗、养老压力巨大，生活满意度不高。

政府简单向钱看肯定是不对的，必然忽视了社会的长期健康发展，引起社会公平不足，导致道德降低。当然政府对此已经很重视，正在积极改变。

综上所述，自由经济本身是不会导致道德下降的，正是权力和过度垄断导致的不公平现象造成道德问题，政府在此问题上负有很大责任。

第七章　美学的讨论

Aesthetics

第一节　总　论

人类对美的追求是一种基本本能，是人性的一部分。这种追求造就了绘画雕塑音乐文学建筑创作等等艺术形式，这种追求也从某种意义上，表明了人类存在的特殊意义。

但人类在各个历史时期和今天，都不曾完全脱离多种变异的艺术（或伪艺术）的困惑。

美的范畴很广，植物与动物存在着内在的与外在的自然之美；山石的嶙峋与树木的俊美，树生长在石头上，无生命的与有生命的竟然相得益彰；视觉上的自然风景、绘画、雕塑与影视表演等；巧夺天工的建筑学；冬天晒太阳的享受和住在金碧辉煌的凯撒皇宫的奢华感官感受之美；音乐艺术带来的听觉之美；烹饪、香料、抚摸与按摩带来的味觉、嗅觉、触觉之美。

从某种意义上讲，美往往超越理性，成为影响我们价值观和行为的一个重要因素。

第二节 我的植物朋友

我挺喜欢植物的，与动物相比我显然更与植物亲近，觉得植物更宁静仁慈，喜欢自己跟植物息息相通的感觉，植物缺水，能感觉到自己的皮肤肌肉好像都收缩了，有了皱纹；植物浇水过度，就觉得好像自己长期泡在水中供氧不足，甚至潮湿霉变……

在我没开始打网球的年代，中山植物园是南京我最喜欢去的地方，那里就是我绝对的娱乐。认识不同植物，不同的植物有着如此不同的外观，叶子的结构形状不同，远看整体造型迥异，叶子与枝杈纷繁，枝杈与主干的关系都极为不同，但每一种植物你仔细欣赏都会体会到自然与完美的感觉，高度的自然与完美，就是松树上跌落的一根主要的枯枝，也往往都是从最恰当的地方枯落的。

春天植物新发的动力，秋天的稳重，冬天的洒脱，不同季节同一棵植物，同一片树林都有非常不同的风貌。喜欢植物宁静的感觉，更喜欢感觉植物的那种无时不在的动的变化，丰富而博大。

对于种一棵植物，我的感觉是节奏挺重要的：浇水的节奏（量的多少，浇水的频率），施肥的节奏。当然，阳光、剪枝等是必不可少的。

小时候在西安，我住在大的家属院，养丝瓜、指甲花、地雷花、蓖麻，都挺有趣的，养的最成功的是一种叫海蒜的奇特植物，西安的气候干燥，养花不是太好养，也许我跟植物有天生的沟通，知道它什么时候缺水了，浇多少水，什么时候又要稍微干旱一下，让植物全身特别是根系变个节奏干净一下，然后下面好更精力旺盛地工作。我能仔细观察海蒜，能清晰明白它的要求，跟它有很愉快的沟通，所以，我养的海蒜特别茁壮，根部球茎边不断地生出鲜嫩的幼芽，还有时高高地长出昂扬的穗，开出完美的蜡质很强的花，每隔些天当我帮它剥去枯老的球茎外皮时，里边嫩绿的含着液泡的新的一层球茎外皮就让

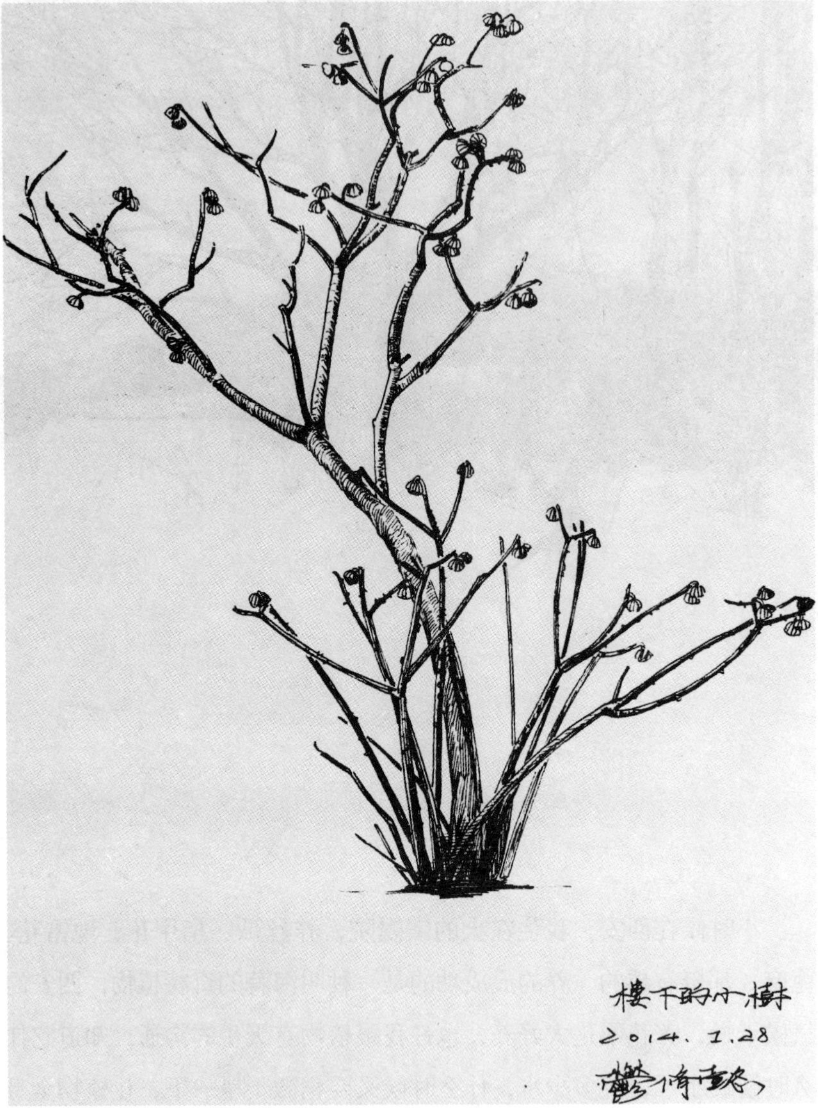

人感受到对完美的欣喜和震撼，一个真的很奇特的植物。

虽然我对种花和植物很热爱，也自我感觉非常擅长，跟植物有某种心灵沟通，但由于工作与责任在身，其实我都理性地把养花的热爱作为一种必须暂时舍弃的爱好，觉得自己应该把精力更集中在其他责

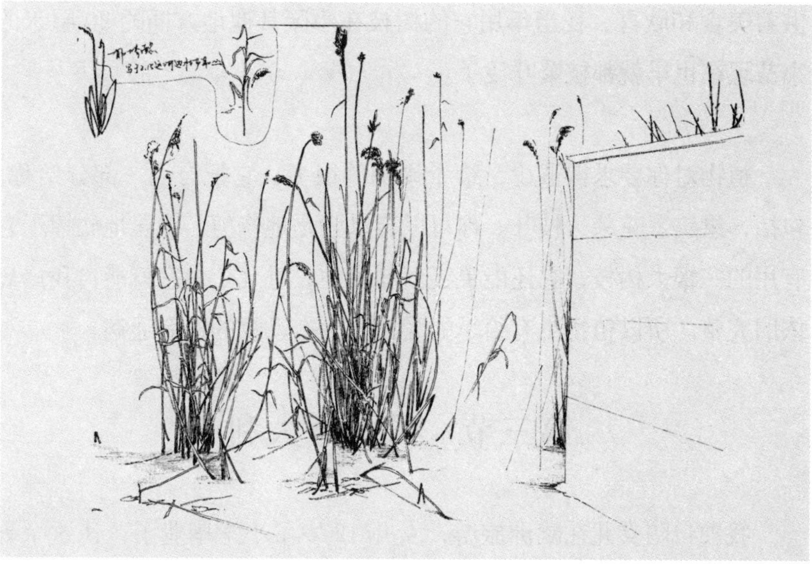

任上，把养花留作50岁以后退休时节的一种悠闲与奢侈吧，跟植物沟通真是优美而灵动的事，没有伤害。

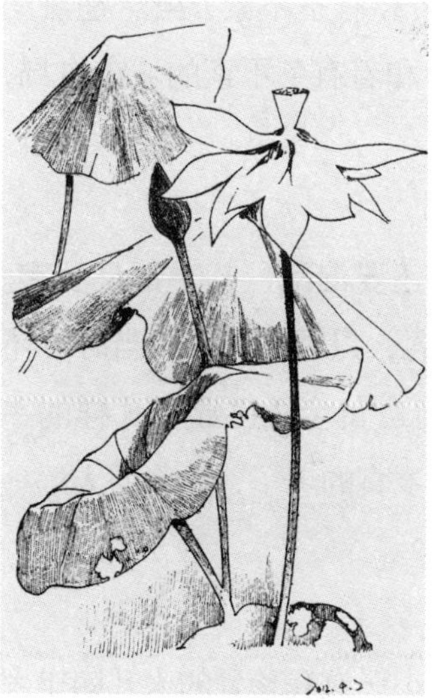

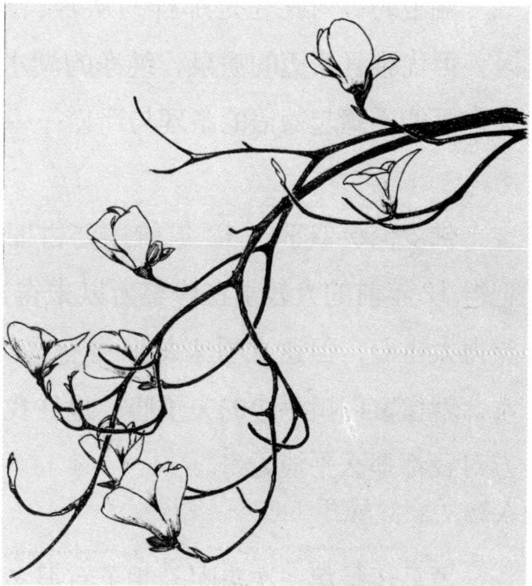

对了，这十几年，我倒还是种着一棵无花果树，这棵树应该品种非常好，枝繁叶茂，一年有大半的时间都硕果累累，为飞鸟和人们提

供着美食和欣喜。我当年用它的树枝在小区其他地方插的 20 厘米的小苗现在也早就都枝繁叶茂了。

植物对你要求得很少，给予周围的很多，它把自己一部分给你，包括，果实、花朵、枝叶。你可以自以为是地修剪，错误地砍掉了它有用的一根大树枝，它还能笑笑就原谅你，过几个月它就能自我修复依旧完整。所以植物更有给予的爱心，少有动物的掠夺通病。

第三节　习惯意大利

我独自陪女儿在欧洲旅游，女儿 12 岁了小学毕业了，让这个暑假走出国门开阔一下眼界。

瑞士的日内瓦还是那样的从容、整洁和有条不紊，虽然是法语区，但优雅且豪迈的喷泉，纯净的湖水伴和着有条不紊的城市布局，让你不能不想起德语的条理与严谨……

佛罗伦萨似乎比 12 年前还要古旧，还要混乱，几乎都是游客。记得 12 年前的大教堂在修整所以未得进入，只看了外观，当时并不觉得太古旧，但这次看来却旧得有些离奇。黄金桥已显得那样的平常，就像家门口手边的夫子庙，也许我年岁真的老了，光彩照人的地方对我都那么平淡无奇。

罗马还是第一次来呢，想了有很多年……有我珍爱的米开朗琪罗的作品，圣保罗大教堂，圣母子的大理石雕塑以及神奇得不能再神奇的天顶画，这次都如愿以偿了，很满足！从此旅游对我来说基本不必了，人不能看尽所有，看过主要想看的东西以后要学会舍弃一些轻松

一点生活，从此，我更感兴趣于消闲放松的度假吧……

意大利挺乱，更有灰尘，维修不及时，经济不好，就业不好，环境更像中国……

意大利的七月挺晒的，阳光暴烈。日照时间特别长，从早上 6 点到晚上 10 点天空通明……

一个相当干燥的夏天……

今天是在罗马的第三天，心里竟有种感觉：很习惯意大利！

第四节　艺术的实践和实践的艺术

—Art practice and the art of action

艺术的实践。

为什么会有艺术这个东西呢？也许就是人性中对于创造对于美的一种追求本能吧。艺术是一种创造方式；艺术也是一种人的自我表达方式；艺术也是人与人之间相互影响的方式。

当一个人在进行艺术创作时，他往往试图将一种内心深处意识里的东西进行一种表达，而且这种表达往往语言是无法做到的。

当一个人在进行艺术创作时，他才有可能把自己的一些想法完成，艺术创作本身帮助思考。

当一个人在进行艺术创作时，他才有可能获得启迪，产生全新的想法，一些完全超出自己想象的想法。

实践的艺术。

这里是指做事情的艺术、技巧与规律。

规律如下：

1. 首先是搞清楚具体情况，做可行性分析；

2. 进行方案确定：有几种做事可选方案，分别效率如何，成功概率如何，难度如何，可以初步试验，并最终确定方案；

3. 进行前的准备工作：考虑清楚需要的工具，需要的包括人员在内的其他要件，并分别准备；

4. 进行;

5. 做进行的结果分析，特别是副反应分析，以备完善提高。

做事情的艺术也是我们生活中时时都会碰到的，形成良好的习惯以后，许多以前看起来很难的事情，我们就能轻松应对。

Art Practise & The Art of Action

Art Practise

Why there is ART? Art is a creation way, a way of demonstration, a way of influence.

When ART practicing, people expressing something deep in their mind and beyond words in most cases. Secondly, people accomplishing their ideas. Thirdly, people exploring things, getting results, even brand new ideas than they could imagine themselves.

The Art of Action:

1. understanding the situation: background analysis, feasibility study;

2. efficiency study: practicing options, the efficiency, the chances and difficulty;

3. Preparation: tools, supporting elements: recruit, collecting;

4. Practising;

5. Result analysis, side effects evaluation.

第五节　海上钢琴师

昨晚看了这部被我女儿推崇为看过的最好的电影——《海上钢琴师》。

钢琴有 88 个琴键，钢质的声音，优美而深沉，温柔而细腻，指尖在轻快地飞舞，旋律激荡或徘徊，似乡间漫步。

一曲钢琴由八九个小节构成，每个小节就是这位钢琴师对一个灵魂的阅读，一种一览无余淋漓尽致的阅读，就那么一个小节！因为灵魂总是那么复杂而简单，总是不能被简单的如文字这样的东西所描述。钢琴曲是一种心灵的完美阅读与沟通。

电影里似乎原创的钢琴曲一曲接着一曲，从未间断，艺术的浸润深入肌骨，那样轻松的终极艺术创造，身心一体的从指尖涌涌而出着，让你急速地心跳，却异样的写意，让我不由自主地在想："这是不是也是我看过的一部最好的电影呢？"

第六节 一组图片

岁月反复，林间的色调红红粉粉，

空气中弥漫的不是雨水的清香，就是虫儿在落叶里的激情，被滋润着的小花小草，娇姿欲滴，似乎毫不在意这个季节的颓废与裸露。

一样的殷红，却有不一样的故事，

诱惑似乎留在那里，又似乎愈演愈烈，
落叶在水面逶迤，寒冬也似乎黏腻着情色，
平常街景在雨中的绚丽倒影，自然之手的涂抹果然神奇。

有一种繁华不需要掩饰，天上天下唯我独尊

当那光辉拥抱着你，让你无与伦比地从容着

天空的颜色被你映衬得那样的不可能

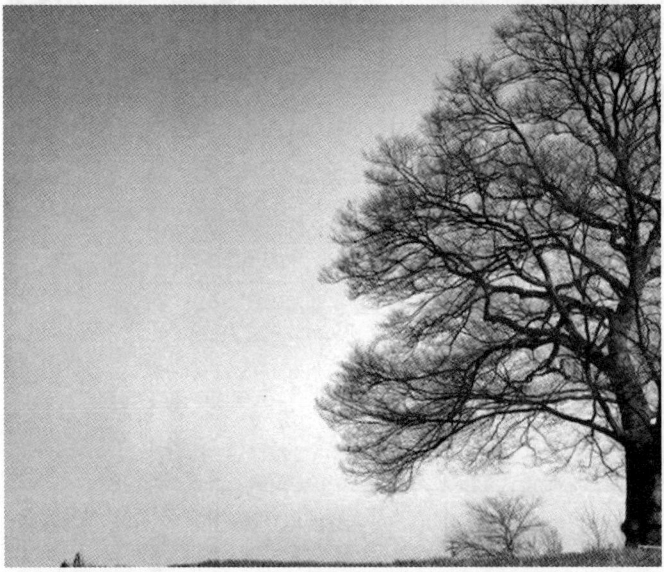

即使只有一丝影子，我也能感受你身姿的伟岸

一棵树

蓝色的火焰，烤得我内心焦黄

于平淡中见真情，于普通中现颜色

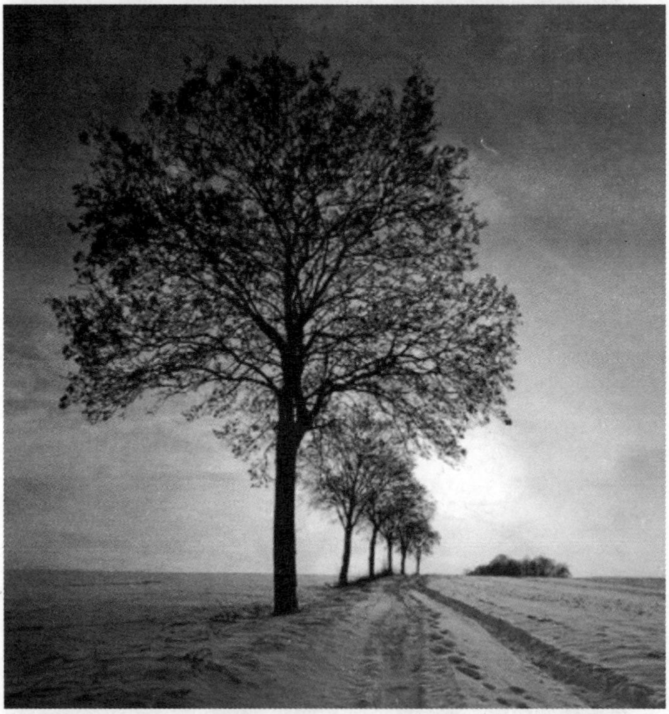

华丽与生俱来，不依不傍

素白中显现，最与众不同的是生机

灵动缥缈，虚席以待

完美的颜色与思想

葱茏蓬勃

华丽的晃你的眼

哲理的生活，青春的晕动

衰老得毫不掩饰

第七节　艺术的沟通能力

我们在教育一章里讲过，人跟人沟通的方法包括大家比较熟悉的语言（谈话和倾听）和文字（看书和写信），还有大家不太熟悉的身体语言和心灵沟通。

对我来说，文字的表达能力要远远不如语言丰富。

语言沟通的能力，语言沟通的深度、广度、持久度**又都远远不及心灵层面的沟通和交流**。

绘画、歌曲、雕塑、音乐等等艺术远比语言来得丰富与深刻。(这里我们把艺术行为抽象归类于特殊的身体语言)

艺术行为本身也是创作者的一种语言，一种自我表达，它往往表达出内心深处深层的意识，甚至在表达中自我完善和自我解释，这是创作者自己也不能解释的。能解释，能理性地解释了就不是艺术的创作了。

创作者通过艺术创作，通过作品有了表达，这种表达又是内心深层的东西，而这种表达又是那样的简单和直接，就是看到的和听到的。但由于创作本身和内心深层的奥妙，可能引起不同人或共同或各自不同的震撼，这种震撼显然是一种沟通，一种与创作者创作作品的沟通，也是与自我的沟通。

优秀的艺术作品能给人带来奇妙的沟通，带给人奇妙的创造能力与享受。

艺术创作行为本身也是一种与人的沟通，与自我的沟通。

第八节《无极》与《家有儿女》

从陈凯歌的《无极》看中国的文艺水平，耗巨资的《无极》，基本是无病呻吟，所以才有胡戈先生才情横溢的二十分钟演绎，竟如此受欢迎；一部电影，竟似梦中呓语，含混费解之余，只能说其表达不清，缺乏让其电影和观众沟通的基本能力；似是史诗巨著，但毫无历史背景；像在隐喻正理大道，但能感觉到的竟只是嬉皮调侃！

我已不看中国电影十年，只是佳人有邀，才有幸一睹《无极》，果然难有惊喜；也不独贬陈凯歌，张艺谋也略高不到哪里去，可叹中国的文艺早就沦落到追逐个随便什么国际奖的提名，就激动好半天，还要让这样的追逐在未来的岁月里让大众蒙羞吗？同样的中国演员，《艺妓回忆录》是什么样的水准？可叹啊，中国何年才能有像样点的文艺……

看了《家有儿女》大感欣慰，中国影视还有一口真气尚在!!!

宋丹丹和一杆老小演员，栩栩如生活，隐约哲理显现，哈哈，有点意思，难怪从孩子到成年人都喜欢看!!!

第九节　梅里雪山，太子十三峰

去年的此时住在香格里拉，一个纯净清朗的地方，是为了去看看那向往了六个月的梅里雪山——一座唯一没有人能够攀登的雪山，因为试图征服它的人都已经被它永远的收留了……

从香格里拉进山，一路碰到的多是些仍然为梦想所激动的人们。驾驶员师傅讲了这样一个关于梅里雪山的故事。

梅里雪山，又称太子十三峰，梅里主峰就叫**卡瓦格博峰**，是藏传佛教中的战神，位居八大神山之首，又有：五冠峰、美女峰、将军峰，美女峰就是卡瓦格博的老婆！据说一日，卡瓦格博战场归来，正撞见将军在调戏老婆，怒火中烧，气得他挥舞宝剑劈向将军，这样劈出了一个五冠峰！

我只是有些惊讶藏人也有这样类型的传说，情仇杀戮古今中外略同啊，难怪佛教说：苦海无边，普度众生呢。

去梅里，一定要去雨崩村，那里可以听到战神的话语，虽然你看不到雪山……

第十节　诗一首：夏夜

A Perpetual Moment

——谨以此文献给所有浪漫纯洁的理想之人

馥郁芬芳，
夏日绵长；
荧光点点，
星辰闪亮；

布谷麦香，
心灵歌唱……

松柏婆娑，
银杏飞扬；
山岭写意，
柔水夜栖；

高歌一曲，
荡气回肠……

——2008年仲夏，于金陵之紫霞湖畔

第十一节　我的绘画与创作

大学时的选修课《美术鉴赏》让我喜欢上画画。最喜欢的画家是米开朗琪罗，也因为他我才明白，其实自己可能更会喜欢雕塑，可惜至今仍没时间去试一下。只曾经小学时刻过几枚篆刻印章，印章头上的石狮子。对艺术我的偏好绝对是写实主义，不太喜欢抽象画派或过度抽象。

记得自己都惊讶，要画一棵树的风景，那棵树初看起来是那么寻常，甚至有些许的蹩脚和简单无奇，怎么一画起来就感觉到她的与众不同。看似凌乱的枝杈，画进去了，才那么肯定地明白，原来每个枝杈的姿态都那么写意，分布优美。像美丽女子舞蹈着的手臂，多弯一分太多，少曲一丝太少!!!

枝条的粗细分布也都那样的完美到位，无可挑剔不紧不慢，粗细节奏恰当。

画进去了才那么强烈地感觉到**自然**二字的现实：自然的植物，自然的体位!!!

画每片叶子的时候，会觉得那远处的叶子仿佛走到你的近前，细部清晰，局部放大，生动的折弯，好像在与我说：“画得不好，我就不高兴呢？我们叶子也会有痛楚的。”画好了这片叶子，她就退回去，自动缩小，下一片叶子再来……

记得曾用过一个白天的时间，画过玄武湖的一个圆形花廊，中间一棵参天的银杏古树非常出彩！这花廊现在依然，只是当年外面不是玫瑰园。地点就在当年老的动物园向北过桥，旁边有个日本人送的计时器的就是。

当年画的是水粉，用的就是玄武湖里的水呢。画廊很雅致，适合散步，直径 20 多米吧，当年廊架上正开满了繁烁的紫色藤蔓的花朵，记不准是六月还是九月，只记得银杏漫天的树叶，端庄的树干从地至天，雄浑强壮……

当时画了好几个小时，丝毫不累，反而像彻底地打坐并静心休息过了一般……

自己退休后的时光，就跟球友打打网球，再学学油画雕塑吧。也期望能学习一下钢琴，习惯一下最喜欢的乐器。作诗只是抒发一下，要有情绪的，不能勉强装着天天搞的……

第八章　对“不可能”的找寻

（终极探索）

The ultimate issues

第一节　人对自我的意识

小时候，大约5岁到12岁的时候，我曾经长期暗自思考一个问题：**自己是否仅仅只是他人或另一种智慧的一个游戏或者实验的对象，自己的行为与思考都为观察者研究甚至娱乐？**

长大了以后，才停止对这个问题的暗自探索，因为明白这个假设无论成立与否，于自己都没有太大分别，因为我们已经假设了那位观察者远比我们智慧，远比我们能力高强，我们拿他没有办法，他要不想让我们知道他的存在的话，我们是很难知道他的存在的。我虽然停止了对这个问题的直接研究，但这个假设本身对我依然有着巨大的吸引，这个问题对于我们如何审视自我太重要了！也许这就是人类不同文化都会产生神性的思考，产生宗教的原因吧。

人在意识和智慧的领域，始终在做着对自我的审视，也在做着对更高级智慧的期盼。

人对“不可能”的寻找的本能是人性的重要部分。

第二节 生命的意义在于过程，还是在于结果？

为何人总是那样容易感到孤独？

为何人遥望满天的星斗，总会倾向于相信在亿万光年之外有着我们的兄弟？

Why people are so easy to get lonely？Why people look deep into the clear night sky? They are easy to think about perhaps they have a brother thousands of light years away.

生命的意义是在于过程，还是在于结果？

快乐是比较得来的，还是有绝对的快乐存在？快乐只是一种相对的感受吗？

人常说：一个人不是看他想做什么，而是看他做了什么。

人的行动与意志易有误区，一个想做善行的人，生活里可能理直气壮地在坚持施恶!!!

另一说：一个人不是看别人在他活着的时候怎么评价他，而是更应该看看他死去后别人是怎么评价他的。例如，希特勒，多年后德国人冷静了，对他的评价与他鼎盛时毫不一样；例如，秦始皇，他死后2000年了，你再讲他的坏话，也不再会被活埋了。

再一说：一个人不是看他获得了什么，而是看他留下什么。

做个守财奴，还是用财力智力在有生之年行善施爱？后人自有评说……

当然，有些人会说：“我不在乎我死后如何，我只在乎我的今天与享乐。”那他就陷得较深，很难教化了。

生命的意义是在于过程呢，还是在于结果？你必须自己思考……

第三节　幸福是什么?!!!

对我来说，幸福是夫妻两个人回家相见还有一种莫名的欣喜，对孩子的教育，对新闻大事的看法还有那样的共鸣。**幸福是自己有时间，有条件，有能力，去做自己想做的那些最重要的事情**。

每个人由于价值观不同可能对幸福的理解差异很大，人们之间需要尽量相互尊重相互的幸福观。即使你认为一个朋友对美食的追求不那么伟大，也要真心尊重他的选择，因为我们又真的如何伟大了吗?! 现实里，每个人都很不理性的，今天认为美好幸福的生活你可能两年后认为是虚度了光阴，尊重自己就可以了，不需要过分的勉强。

现实里，每个人也都是有限的，你自己认为做出巨大的努力，然而可能却幸福离你更加远去，因为你不一定努力在正确的方向上。

幸福的生活应该是一种平静安逸的生活，因为只有在平静的环境里，真正的快乐才能得以存在。狂热的娱乐和爱好，在绝大多数的情况下，都不会带来真的幸福，而只是对现实的一种逃避。

根本的幸福来源于你对周围人和物的付出和爱，只有爱和付出的人才能使自己自然获得他人的爱和尊重，被尊重和被爱是幸福的一大源泉。

简单把获得幸福作为生活目标的人往往很难获得幸福，因为他不懂得无私的付出；而无私付出的人往往又没有把获得幸福作为目标的，但他们却可能意外收获。

第四节 完美的性格

没有任何人真能独善其身，总是高度理性，并完全自我控制。

一个真的圣人，很可能根本不会被人看到承认，更不要说被人赞赏了。完美的性格只存在于理想的故事了，我们要学会接受缺点，并同时努力。

我们应该懂得，快乐的生活其实并不是一定要做一些大事，而是要不懈努力，对得起自己，对得起他人，拥有自尊。

完美的性格应该是把每一天都当作最后一天那样珍惜，没有过度的激动，没有自我麻痹，对得起自己的存在，同时尽量不要妨碍他人。

第五节　自然规律和你的使命

什么是自然规律？

一只蚊子奔着你的大腿嗜血而来，你举起手掌将它激情地打死了！

蚊子嗜血咬你是它的本能，它生存的自然规律，你将蚊子打死，是自我保护，也是自然规律。弱肉强食就是自然规律，人类广义来说也是自然的一部分。

如果说风灾水灾是自然规律，那么9·11灾难是自然规律？万一有核战争，人类毁灭也是自然规律？我们无须努力吗？你一定不同意了。

虽然太多事我们可以看作是自然规律，但我们不能推脱，我们必须有所行动，那么，哪些是你应该做的？应该如何去做？哪些是你最擅长的事呢？你的使命是什么呢？

这些听似简单的问题，其实有着不简单的答案，其实是伴随我们每个人一生的一种“不可能”级别的艰难找寻。

第六节　随遇天堂

上帝用泥土创造了亚当，又用亚当的一根肋骨创造了夏娃，让夏娃陪伴亚当，使他们不再孤单。又为他们创造了百草虫鸟、大树狮虎，伊甸园中丰富美好，近乎完美。

其实上帝创造的蛇也近乎完美，外表极为美丽，性格温柔善良，长发及腰，使人非常容易产生亲近感，而且蛇的心灵也一样的美好和善良，只是她的内心有着一些智慧，多了一些知识，因此也多一点诱惑，多一点犹豫……

是她告诉夏娃，苹果很好吃。夏娃和亚当偷食禁果，马上才发现原来他们在美丽的伊甸园中赤身裸体，就有了羞耻感，也有了诱惑的本能，就用无花果树的叶子遮蔽身体，从此亚当和夏娃也不总是在一起了，而是时聚时分，因为有了智慧，他们在一起久了就会久而生厌，看不到对方的可爱与美好，不想对方的陪伴与嬉戏！反而，喜欢独自孤单地苦苦思索……

为智慧所折磨。

因为智慧果虽然非常美丽诱人而且好吃，几乎无所不能，但它其实也有显见的瑕疵，只是人们很容易视而不见——苹果不是完美的球体，上下两端都有向内的深入凹陷，凹陷之内往往丑陋且污浊……

上帝看到亚当和夏娃的孤独和分离，立刻明白他们是未听告诫，偷食了禁果，已得智慧！这肯定是美丽又为智慧所困的蛇所作为的。所以上帝就对他们做了如下惩罚：

亚当，被罚终生劳作，不再可以随手采摘百果而得温饱满足；

夏娃，更被罚接受分娩的痛苦，月月流血。

蛇，被罚失掉所有美丽外表与运用智慧的能力，失去姣好面容与及腰长发，完美的身体也被改变成秃顶，不仅拥有极度丑陋邪恶的外表，还让其终生以肚腹行走，爬行地面，并且让它与女人永世为敌，人人见到它都躲避它，憎恨它，甚至击打它。

亚当和夏娃有了智慧，如果再吃了生命之树的果实就可以得永生，与上帝相同，于是上帝就把他们赶出了伊甸园。

上帝也把百草虫鸟、大树狮虎陪伴亚当夏娃而出，除了生命之树，从此才有了人类，人类有了智慧，有了诱惑，也有了欲望，也有了对永生，对拥有一切的贪婪欲望……

上帝虽然也将苹果树移植人间大地，但既然人已得基本的大智慧，上帝就将第二层智慧，广播于百草万物之间，也许就是人们现在苦苦用智慧去理解的知识，各种学问，学科 及人对自身种种困惑，内心的孤独和快乐的思考。

上帝还仁慈地将一个比苹果看起来至少更完美的果实赐予人类——橙子，橙子浑圆，甜美诱人，水分更为充盈，它代表娱乐。橙子后来与智慧、羊毛、草地一起构成了网球，带给人类娱乐的诱惑，这也就是所以不充分运用智慧是打不好网球的原因。

其实每个人一出生时他（她）基本的大智慧都充盈在身，关键在于后来，他们是否相信自己拥有大智慧，并努力学会运用及表达这种大智慧的能力。

上帝借人类之手通过橙子、智慧、羊毛和草地，创造了网球，带给人娱乐，并让每个偶然随机相遇在网球场上的人都明白随遇而安的快乐，又用智慧诱惑网球场上的每一个人不单纯沉浸在这种娱乐中，让他们在奔跑之余，涟漪起一丝对孤独的眷恋，对永生的遐想……

《原罪和逐出伊甸园》米开朗琪罗

第七节 诗一首：行者无疆

查海生（1964～1989），笔名海子，中国当代诗人，生于安徽省安庆市怀宁县高河查湾1个农民家庭，在农村长大。1979年15岁时考入北京大学法律系，1982年开始诗歌创作；1983年大学毕业后分配至中国政法大学校刊编辑部工作，后任教于哲学教研室；1989年3月26日，在河北秦皇岛市山海关龙家营卧轨自杀。诗人是思考者也是孤独者，也让我用一首诗表达我的敬意：

每一个行者 都不尽相同，

或因寂寞而行走，

或因追寻寂寞而行走，

或因无奈而行走，

或因迷茫而行走，

谁能走出心灵的荒原？
谁能结识理想的精神伴侣？
谁能见到既圣美又荒芜的景色？

佛说：色由相生；
基督复活……

参得透生死后，会珍惜每一分钟，
淡定的人有几许，
迷茫无助的人又几多。

不在游走中迷失，不在游走中耗费……

第八节　外星生命

对外星生命的找寻与研究是一件非常重要的事情。我们向太空发送无线电波，发射探测飞船。

外星生命会是什么样子的呢？其实我们对此一无所知，人类目前拥有的科技能力还非常有限。人类是碳基生命，外星生命会是其他形式的吗？我们也毫无概念。

由于我们已知的星系和行星数量太多，逻辑上，我们有理由相信外星生命一定存在，甚至有生命的星球数量巨大，但是否我们能够发现，就是我们的能力问题了。外星生命的智慧有可能比我们高，有可能已经发现我们，也有可能还没有发现我们。

生命的存在环境有一定特征，排除简单的物理化学属性，我们认为，首先，稳定性和变化性使生物存在成为可能，相反地说就是太稳定和太变化都是生命的大敌！另外，生物体都需要能量的摄取和释放。

无论外星生命会是何种样子，人类与外星生命的沟通都一定会大大扩大人类对生命的想象和认知，甚至根本改变现在人类对哲学和宗教的理解和认识。

第九节　基本粒子与宇宙

我认为粒子与宇宙是无穷小和无穷大的关系，它们又是可以相互转换的。

基本粒子是不存在的，粒子是无限可分的，正如宇宙是无限空间的，因为如果这两点有任何一点不成立，那么，宇宙的偶然性就被破坏，就是说宇宙只是另一种智慧的实验或者游戏。当然，目前物理学界对宇宙四维度的认识肯定也是有局限的。就像人类在过去的一千年里对宇宙对神最自我的认识有着完全不同的变化，人类对宇宙和自我的认识都必然受到当时的技术和理解的局限。

粒子的无限可分和宇宙是无限空间，只有这个条件存在，逻辑上

我们才能将无穷小等位于无限大，绝对有序才会导致绝对无序，世界的变化也才可能是无限的。

粒子的无限可分和宇宙是无限空间，我们在逻辑上可以证明，如果有粒子是无法分割的，那么它是由什么构成的呢？逻辑上它必然还是要由其他性质的东西构成的，虽然我们对粒子的研究显然不会局限在四维维度基础之上；如果宇宙是由边缘的，那宇宙之外是什么呢？逻辑上，四维空间的逻辑肯定是否定宇宙空间有限的结论的。

基本粒子研究在物理学界也一直近似于宇宙研究，对宇宙的宏观研究由于目前的科技能力显然比研究基本粒子要直接与现实得多。

值得一提的是地球上最大的基本粒子研究是在 CERN，位于瑞士、法国边境，最大的粒子对撞机建成于 2008 年 9 月 10 日。最终的试验期望，两个方向相反的粒子束在以极为接近光速的状态下对撞。他们希望通过冲撞看到质子的构成！相当于光速的百分之九十九点九九，这种状态下的质量，能量与空间时间概念，对现代物理学家来说都仅仅完全停留在假想条件下！我个人认为这样的实验非常危险，可能会引发奇异事件，例如，也许产生时空或四维错位，产生黑洞，产生强大反物质链反应，造成人类地球消亡。

2015 年 4 月 10 号，加速器在经过两年的修整后，把两束相对的质子加速到6.5 TeV 的能量进行撞击，最终期望加速质子获得14 TeV的能量进行撞击，因为人类的无知，结果很可能是灾难性的，这已经在 CERN 过去的实验中得到反复验证。如果实验导致人类消亡，也只是验证一下绝对有序演化为绝对无序的一个实验而已，只是人类自己无法看到实验的结果。

第十节 人类是否会自然消失？

人类是否会自然消失?!!!

对于哲学家与进化论者来说，这是个无须回答的问题，万物皆有消亡，连一块石头都是，何况人类？逻辑上来说更是如此：一切开始都有结束。

实际上，人类消亡可能突然发生：一个未知天体突然撞击地球；一次人类自以为是的科学实验，比如，细菌的，病毒的，基因的，高能粒子的，武器的，智能机器人，人工智能取代人类。

随着现代科技的发展，人类突然消亡的可能性不是减小了，而是增大了。

而且，你会惊讶地发现，周围越来越多的人，对于人类是否会突然消亡完全无所谓，认为自己根本无能为力！而另一些人则完全没有危机感，认为人类会消亡是无稽之谈！

物理学上有一普适公理，**无序会向有序缓慢发展，但极端有序会瞬间导致极端无序**。

这就是在说随着人类对自然对科学了解掌握的越来越多，我们的社会运行得越来越有序，看似越来越接近完美的过程，但最终会突然导致极端无序，这种极端无序就应该包括人类消亡或者人类完全被控制。

从这个意义上讲，似乎现在人类的各种高速发展是极其危险的事，发展本身没有多少意义，至少过快发展毫无意义。

附录：哲思格言

第一卷　基本篇

挑起了一个人的欲望，又没有努力地想办法去满足他/她，这是一种罪。

Enkindle a person's desire, but never try to fulfill it, it's a sin.

网球运动准确地体现了精神智慧和肉体优美的良好结合……

生命的意义：

人的基本生存意义就在创造，而不在健康华贵地活上两百岁，并享誉全球。

Another side of life: Life is to allure, effect and be effected.

快乐的悲剧：* （诚信抵万金）

其实人的一生充满着悲剧成分，很不容易的。哭着来到世上，又在别人的哭声中离开。别太难为自己。我的信条是：在不牺牲自己的前提下，最大限度地帮助别人；在不损害别人的前提下，最大限度地娱乐自己！

无死无生：

23 岁的一个深夜里，我一人陪着带大我的外婆（我让其他人睡觉了），她静静地离开人世，好像并没有什么痛苦和不舍；我一点也没有想流泪的感觉，没有痛苦和不舍，好像那只是一个归宿，不存在痛苦或欢喜的区别！

失身事小；失德事大……

女人、男人从来都不应该为使用自己的身体而羞耻；只应该为不正确地使用身体而对自己感到惭愧……（极端的例子如：自杀与卖身）

完美主义：身体与精神

对女子来说，内心世界的美好如果没有外在美丽容貌的配合往往会显得无足挂齿。(人性有异常现实的一面)

十个人看同一件事，就有十种看法，为什么呢？人们只能看到镜子中的自己；而且我们真的认识自我往往非常困难，就像我们很少能脱去衣衫，平静地看自己。

精神和肉体；

每一个人的精神和肉体都很难完全切合。

当肉体激动得按捺不住，精神却无奈得直打瞌睡……

当精神在豪迈地欢呼雀跃，可能肉体已经无力去再登上一座四百米的山峰……

感情婚姻上，

当精神高雅地漂浮在云端，肉体却为欲望拖进床褥；

当精神亲切得早就如情人，身体却君子地保持分离……

上帝关上了这扇门？但他会同时打开着另一扇门……

对每一个正在挫折中的人，明白这个道理意义非凡，大喜大悲都非好事……

想象力几乎是万能的，但没有幽默的帮忙生活是不能想象的……

一个人能有归宿感说明他就有使命感!!! 是一个不同寻常的人，不是他特别，是上天赋予他了任务。

爱与关怀：爱是一种能力，你要允许有能力的人去爱，用他们自己的方式……欣赏各种各样的灿烂的爱……

人们用自己的衣着言行去吸引，人们用自己的内心世界去吸引。

尊重他人更是对自己的尊重，侮辱他人正是侮辱自己。

应该学会享受生活，但不是让你虚度时光和沉溺于游戏。

Showing respect to others is respecting yourself too; insulting others is insulting yourself...

Life is to enjoy, but should not be wasted or indulging...

友情　Friendship：

结交有头脑又有想象力的朋友是人生快乐。

To have friends with thoughts and imagination is one of life's major joy...

第二卷 网球，女人，男人，爱和智慧

打网球的人：

打网球就是对第二次春天的向往，对生生不息的生活的向往，对那些不知疲倦的日子的向往……

矫捷的身姿，生生不息的灵魂……

网球（绿色鸦片）：

网球有绿色鸦片之称，可以理解为健康毒品。感觉太着迷会影响家庭和工作，我要控制了。

真有此说法？我一向自认为自制力极强呢……

男人，女人和钱：

男人关键是要有追求（不一定要有钱），女人关键是要有魅力（不一定要年轻），当然都非常有钱更好……

男人，女人和香水：

其实真正撒任何香水在自己身上，自身往往闻不太到，更多愉悦的是周围的人，所谓流芳百世……

温润的男子适合娶一个大气的女孩……

敏感的美女，适合嫁一个粗犷点的汉子……（一粗一细，一张一弛，互补往往胜于简单类似）

男人，女人和智慧：

女子美丽而又不肤浅，那是需要相当的智慧；

男人拥有权力和财富，而又能不身困其中，也需要大智慧；

只有智慧才使动物成为一个人，一个男人只知道围着女人转显然缺乏基本的智慧……

男人，女人和成熟：

其实男人的成熟跟婚姻无关；女人倒是会因为婚姻成熟很多。

打网球做中国人：中国人要有更博大的胸怀：走自己的路让别人说去……

网络马甲：能在网上成功拥有多个马甲并熟练应用的，显然会加重自身已不轻的双重乃至多重性格，从而最终导致食欲低下（各种欲望都低下），进一步引致抑郁或精神分裂……

思考交流与启发：高级的问题/电影/文章/ 不是提供答案，而是使读者思考并自己产生答案（可能答案各不相同）……

灵与肉：除了对得起你的灵魂外；你只需要还对得起你的肉体……

肉体的已经完成；精神的还有无限可能……

生孩子本身就是人类最伟大的艺术创造，远远比希腊雕塑要唯美多得多……

爱情与物质有关，与身体有关。男子婚前更在意身体；女子婚后更在意身体。

一张纸的两个面：一对情侣相拥在一起，其实非常不同！因为，男子抱着一位女子，女子抱着一位男子……

出卖自己：如果女人能够出卖身体；男人就能够出卖灵魂和尊严……

人跟动物：

人跟动物的重要不同之一：人可以在任何季节，极宽的生命段，任何地点，几乎任何情况下，做爱；

而大多数动物只有很短的一季，而且大多数昆虫在交欢后，有一只就很快死去……

一个爱你的人：我将尽我所能爱每一个人，因我生未带来，走时也不带走，只有将爱留下。将一些美好留下，将一丝微微的笑意留下。

爱的付出与回报：

人是社会动物，每个人在付出关爱的同时，都同时渴望能得到关爱！

The greatest thing you will ever learn is just to love and to be loved in return!

力量：

力量是诱人的东西，拥有它，它可以使人飞翔，也可以摧毁这个人……

就像权利财富对于男人……

美丽对于女人……

心中彷徨：我所做对的事和做错的事怎么那么多……

精神的唯美主义：更敬仰精神力量的美……

敌人：每个人最大的障碍/敌人就是自己，否则人人都微笑着涅槃了，哪里还有人为着财富美色而狼奔豕突……

习惯和学会从两面思考绝对是个智者……

学习的真实目的：
学习的根本能力在于模仿，学习的唯一目标在于创造……

真的舞者：真正的舞者都是孤独的。

历史的答案：历史从来不重复；但多少场景是何其的相似……

情与色：男人难免为色所迷；女人少有不为情所困。
怕的是执迷不悟积重难返……
Love：Love is to trust... and then count on...

智慧：
好奇心是智慧之源……

幸福和痛苦的悲喜哲学：
幸福和快乐是短暂的，平淡和痛苦是长期的，只有追求幸福和快乐的过程才是生活的意义。

个人成就：
一个人缺少成就不可怕，怕的是缺少基本的幽默感；

一个人长得不漂亮不可怕，怕的是明白不了基本的幽默感；
一个人不强壮不可怕，怕的是不共鸣网球中的基本幽默感。

拒绝别人：

懂得学会正确的和必要的拒绝别人的不当要求，其实是对他人的一种极高的尊敬，当然也是对自己的尊敬和爱护，是成熟的表现……

Learning to refuse politely and properly is a pure art and a manner of maturity, it's also reflecting your full honor/dignity to your friends and to yourself.

第三卷　精神与诗歌

面对美色或金钱利益地位巨大诱惑，
有些人觉得：心动不行动更好，
也有些人觉得：心动不行动确实是件麻烦事～

能力大小与尽力与否；
相信尽力而为，不作非分的要求。

一次关于精神和物质的对话：
精神真的高过物质吗？

我想都重要吧，只是基本物质很容易满足，精神生活要远为丰富……

个人认为：每隔 10—12 年，一个人的生活重心会有所不同，心中所想也会悄然变迁，

虽然大原则、大习惯不变；

人不需太勉强：不能勉强别人，更不必太勉强自己……

人都有疑惑，都有矛盾……That's life, let's enjoy, share and talk!

男人不能把厨房当家；但一定要会做几个极品硬菜！这样才对得起自己的极品女人……

蚂蚁是高度社会化的动物，所以我们活着不是为了单纯的社交或者社会主义。

我们都努力地无私地用自己娱乐着大家……

泰戈尔的爱情诗一首：

You smiled and talked to me of nothing and I felt that for this I had been waiting long.

你微微地笑着，我记不清和我说了些什么。而我却明白，为了这一刻，我已有长久的期待……

歌德：

You will never have what you like until you learned to like what you have.

把几位我最欣赏的球友邀请到一起打场球，即使我自己不打，旁边看着也是种极度享受，极度奢华的享受……